创新驱动与
中国产业结构
转型升级

袁　航◎著

INNOVATION
DRIVING AND
TRANSFORMATION AND
UPGRADING OF
CHINA'S INDUSTRIAL
STRUCTURE

经济管理出版社
ECONOMY & MANAGEMENT PUBLISHING HOUSE

图书在版编目（CIP）数据

创新驱动与中国产业结构转型升级/袁航著．—北京：经济管理出版社，2022.9
ISBN 978-7-5096-8717-8

Ⅰ.①创⋯　Ⅱ.①袁⋯　Ⅲ.①国家创新系统—作用—产业结构升级—研究—中国
Ⅳ.①F204 ②F269.24

中国版本图书馆 CIP 数据核字（2022）第 172698 号

组稿编辑：谢　妙
责任编辑：谢　妙
责任印制：黄章平
责任校对：张晓燕

出版发行：经济管理出版社
　　　　　（北京市海淀区北蜂窝 8 号中雅大厦 A 座 11 层　100038）
网　　址：www.E-mp.com.cn
电　　话：（010）51915602
印　　刷：唐山昊达印刷有限公司
经　　销：新华书店
开　　本：720mm×1000mm/16
印　　张：13.25
字　　数：224 千字
版　　次：2022 年 9 月第 1 版　　2022 年 9 月第 1 次印刷
书　　号：ISBN 978-7-5096-8717-8
定　　价：68.00 元

前　言

加快推动产业结构转型升级是当下中国发展的重要任务，也是加速中国经济从总量增长向结构调整，进而实现高质量发展的有力保障。自改革开放以来，中国经济增长经历了从要素驱动、投资驱动向创新驱动的新旧动能转换。那么，创新驱动是否为中国产业结构转型升级的有力推手？中国能否抓住创新驱动带来的崭新机遇加速推动产业结构转型升级、提升在全球价值链中的地位，将是决定中国实现高质量发展、提升全球参与度、提高国际话语权的关键，也是当下中国面临的重要理论问题和现实问题。

本书以创新驱动对中国产业结构转型升级的作用机制为逻辑主线，基于多维度指标构建中国创新驱动指数，详细分析了创新驱动对中国产业结构转型升级的多重影响。在梳理和借鉴创新驱动产业结构转型升级的相关国际经验之后，提出了加快实现创新驱动产业结构转型升级的对策建议。本书主要包括以下六个方面：

第一，深入分析了创新驱动影响中国产业结构转型升级的作用机制。首先，本书基于数理模型简要分析了创新对产出的影响；其次，从创新驱动改变供需结构、创新驱动引发收入变动、创新驱动深化社会分工、创新驱动强化空间关联，以及创新驱动政策保障产业发展等方面，深入分析了创新驱动对产业结构高度化的量、产业结构高度化的质和产业结构合理化的作用机制。

第二，全面测度了中国创新驱动指数。本书基于"创新驱动认知基础—创新驱动主体要素投入—创新驱动主体成果产出—创新驱动扩散效应—创新驱动溢出效应"五大维度共计 30 项基础指标，采用主成分分析法测算了中国创新驱动指数，分析发现：①中国创新驱动指数持续上升，创新驱动能力稳步增强；②中国创新驱动价值链经历了从"认知基础保障"和"要素投入"协同拉动阶段向"成果产出"推动阶段的演变，较高的创新驱动成果产出是提升创新驱动价值链的关键；③具有主导创新贡献度的创新驱动主体经历了从研发机构向高等学校，进而向规模以上工业企业的转变；④创新驱动能力的地域差异较大，长期的地区固化将进一步扩大该差距并制约中国全面实施创新驱动发展战略。

第三，构建普通面板模型、系统广义矩估计（SYS-GMM）和面板分位数模型（QR）检验创新驱动对中国产业结构转型升级的直接影响，研究得出：①创新驱动对产业结构高度化的量和质具有显著的促进作用，但对产业结构合理化无明显影响，整体而言，创新驱动并未推动中国产业结构转型升级；②创新驱动仅能促进低分位数上产业结构高度化的量和质，对较高分位数上的产业结构转型升级无显著促进作用；③在创新驱动价值链五大维度中，仅创新驱动成果产出能显著推动中国产业结构转型升级；④创新驱动高组对产业结构高度化的量和质的促进作用较创新驱动低组更大、更显著；⑤创新驱动能显著促进东部和中西部地区产业结构高度化的质，对中西部地区产业结构高度化的量的促进作用大于对东部地区的，具有平衡东部和中西部地区产业结构高度化协调发展的作用。

第四，纳入空间关联因素，构建空间杜宾模型（SDM）检验创新驱动对中国产业结构转型升级的空间影响，结果显示：①创新驱动对周边地区产业结构高度化的量具有显著促进作用，而对产业结构高度化的质和产业结构合理化的促进作用不显著。②空间效应分解显示，创新驱动对产业结构高度化的量的间接效应和对产业结构高度化的质的直接效应显著为正，且对二者的总效应显著为正，而对产业结构合理化无显著影响，这说明创新驱动仅带来了产业结构的"虚高度化"，实际并未推动中国产业结构转型升级。③在经济距离空间权重下，创新驱动对经济发展程度相近地区的产业结构转型升级均表现出积极的推动作用；在制度质量空间权重下，创新驱动能显著推动制度距离相近地区产业结构高度化的量和产业结构合理化，肯定了经济发展与制度协同在创新驱动产业结构转型升级过程中的积极作用。

第五，以国家高新区的设立为创新驱动政策变量，构建双重差分模型（DID）检验了创新驱动政策对产业结构转型升级的影响。结果显示：①国家高新区能显著促进产业结构高度化的量，但对产业结构高度化的质与产业结构合理化无明显促进作用，即国家高新区并未有效推动产业结构转型升级；②国家高新区对产业结构转型升级的影响存在明显的成长周期异质性，"成熟型"国家高新区较"成长型"国家高新区对产业结构高度化的量的促进作用更显著；③国家高新区对产业结构转型升级的影响不存在明显的"市区布点"异质性，均能显著促进产业结构高度化的量，抑制产业结构高度化的质；④国家高新区对产业结构高度化的质的影响不存在明显的区域差异，但位于东部发达城市的国家高新区对产业结构高度化的量与产业结构合理化的影响不显著，而位于中西部欠发达城市的国家高新区对产业结构高度化的量具有明显的促进作用，且对产业结构合理化产生了显著的抑制作用。

第六，基于理论分析与实证结果，结合当下中国创新驱动产业结构转型升级的现状以及相关国际经验，本书从持续增强中国创新驱动能力、完善市场化体制机制建设、加速科技创新成果转化以及以创新加速构建现代化产业体系四个方面提出了通过创新驱动全面实现中国产业结构转型升级的对策建议。

目　录

第一章　绪　论

第一节　问题的提出

一、研究背景

创新是国家发展的不竭动力，是民族兴旺发达的灵魂。改革开放 40 余年来，市场的开放为企业微观主体的全面发展提供了良好的外部环境，显著提升了中国的创新能力。相关统计资料显示，中国专利申请受理数和授权数分别从 1986 年的 13680 件和 2671 件增加到 2016 年的 3305225 件和 1628881 件[①]，呈现较快的发展势头，专利申请授权数占申请数的比例从 1986 年的 19.52% 跃升至 2016 年的 49.28%，专利授权率稳步提升。伴随新常态的到来，中国经济增长面临的下行压力逐年增大。"人口红利"逐渐衰减和第一波"全球化红利"逐渐透支的传统数量型经济增长已显乏力，传统的增量改革优势已趋减弱，给经济均衡、协调、可持续发展带来了严峻挑战[1]，基于传统要素和投资驱动的粗放型经济增长方式已难以为继，以创新推动供给侧结构性改革，实现经济高质量发展刻不容缓。高质量经济发展阶段的动力正在从以往的要素驱动、投资驱动向创新驱动转型。创新正逐渐成为驱动经济发展的一种核心要素，并将改变传统经济增长方式和发展模式[2]。面对新兴技术革命和技术创新带来的崭新历史机遇，未来中国需持续加

---

① 笔者根据《中国科技统计年鉴》相关数据计算得出。

速创新驱动，平衡产业发展模式，提高经济发展质量，这不仅是经济新常态的内在要求，也是经济新常态的重要内容[3]，以创新驱动推动中国产业结构转型升级，实现经济高质量发展是未来中国发展的长期命题。

"十一五"规划就曾提出以自主创新推动高技术产业发展，振兴装备制造业，拓展生产性服务业以及丰富消费性服务业等发展路径，这为中国未来实现以创新驱动促进产业结构转型升级铺平了道路。"十三五"规划中明确提出要牢固树立和贯彻落实创新、协调、绿色、开放、共享的发展理念，以供给侧结构性改革为主线，提升产业整体素质，实现产业结构的调整和转型升级，保持经济快速平稳增长态势。之后，党的十七大报告提出了建设创新型国家，这也是改变中国经济发展模式、提升产业结构、实现跨越式发展的必由之路[4]。党的十八大报告亦要求新时期要着力实施创新驱动发展战略，突出科技创新在国家发展中的核心位置。党的十九大报告进一步指出要深入贯彻创发展理念，建设现代化经济体系，实现经济发展方式从"数量速度型"向"质量效益型"转变、经济增长动力从要素驱动向创新驱动转变、产业结构从价值链中低端向价值链中高端转变[5]。在此转型过程中，自主创新能力是实现经济结构调整和经济发展方式转变的关键因素，世界上任何国家或地区的先进生产力及其高度繁荣都以创新作为支撑[6]。洪银兴[7]认为中国经济发展进入中等收入国家行列，其着力点需要由速度转向结构，随着中国经济增长引擎由外转内，经济发展的战略基点也转向扩大内需，产业结构也随之向内需型转型，此时，产业结构定位就要由比较优势转向依靠产业创新培育的竞争优势，以市场选择和优胜劣汰淘汰过剩产能，通过产业创新支持战略性新兴产业发展。

立足于"十四五"这一重要战略机遇期，身处当今世界百年未有之大变局，新一轮科技革命和产业结构正在经历一场深刻变革。同时，国际环境日趋复杂，不稳定性和不确定性明显增加，新冠肺炎疫情的影响广泛而深远，"逆全球化"和单边主义思潮大行其道等，都给我国经济转型发展带来了严峻挑战。在我国由高速增长向高质量发展转型阶段，科技自立自强是我国发展的战略支撑，创新始终是实现高质量发展的关键动能。虽然创新相对活跃的高技术产业规模不断扩大，影响力不断提升，但中低技术产业在全球价值链低端的长期锁定使得中国经济增长模式仍停留在"规模扩张"阶段，距离"质量提升"还存在一定差距[3]。对此，改变以往的经济增长模式和结构调整格局就显得刻不容缓。就产业的技术属性而言，创新驱动发展的本质是高技术产业创新向中低技术产业的转移与扩散，并带动中低技术产业资源向高全要素生产率逐渐收敛的过程[3]，最终实现以创新驱动促进中国产业结构转型升级。那么，创新驱动是否真正推动了中国产业结构转型升级？它给中国产业结构转型升级带来了何种影响？对此，本书将通过系统深入的分析和全面细致的阐述来详细回答这些问题。

二、研究意义

在中国经济由高速增长向高质量发展转型时期，研究创新驱动对产业结构转型升级的影响不仅是重要的理论问题，也是重大的现实问题，对其进行研究具有丰富的理论意义和重要的现实意义。

（一）理论意义

第一，本书在研究之初，通过大量的文献阅读，对创新驱动与产业结构转型升级的概念分别进行了系统阐述，在明确概念内涵的基础上，提出了以"创新驱动认知基础—创新驱动主体要素投入—创新驱动主体成果产出—创新驱动扩散效应—创新驱动溢出效应"五大维度构建的中国创新驱动价值链，以此来全面准确地界定中国创新驱动的丰富内涵。同时，结合传统产业结构转型升级所包含的产业结构高度化与合理化两个主要方面，以及当下中国所面临的由"数量增长"向"质量发展"转型的客观现实，本书进一步将产业结构高度化细分为产业结构高度化的量与产业结构高度化的质两个分维度，从数量和质量两个角度全面测度了产业结构高度化；并且，结合产业结构合理化，从三个细分维度测算了中国产业结构转型升级。本书概念上的全面概括与细致划分弥补了以往研究中笼统界定概念所带来的研究对象定位不清的问题，同时也有助于为中国实现高质量发展提供更加详细具体的对策建议。

第二，本书从简单的数理模型和系统的理论阐述两个方面深入分析了创新驱动影响产业结构转型升级的作用机制，加深了对宏观经济学现象的理论认知，完善和丰富了已有理论框架和知识体系，为后续的研究和改进提供了基础性文献。既有文献虽然较多涉及创新驱动与产业结构升级，但是对其中的内在作用机理分析较少。基于此，本书首先采用简单的数理模型分析了创新对产出的影响，其次采用理论分析对创新驱动产业结构转型升级的作用机制进行了归纳和梳理，并基于此采用面板分位数回归模型（QR）、空间杜宾模型（SDM）和双重差分法（DID）检验了创新驱动对产业结构转型升级的多重影响，这三个方面的深入分析丰富了已有文献，是对现有文献的有益补充。

（二）现实意义

产业结构不仅是衡量一国社会经济发展阶段的重要标志，也是对一国经济发展水平的客观反映。我国经济在过去虽然经历了快速发展并取得了骄人成绩，但是产业结构转型迟缓、产业结构优化僵滞的局面仍未得到有效改善。在产业组织层面，组织水平低和组织结构不合理等问题依旧存在。在企业生产层面，技术改造与技术开发的研发投入经费普遍不足。在产业发展层面，产业整体技术水平依然偏低。目前，我国经济高速增长依旧建立在高投入、高消耗和高成本的"三高"基础之上，经济产出成果依旧以低附加值为主。以劳动力、资本、生态资源环境为主要投入的粗放型经济增长方式已经难以维持经济新常态下的绿色可持续发展，创新驱动的重要性与日俱增，并已成为产业结构转型升级的首要选择。深入研究创新驱动对中国产业结构转型升级的影响，有助于破解创新驱动背景下中国产业结构转型升级遭遇的各种瓶颈，并及时制定符合当下经济发展阶段的产业政策，这对推动中国产业结构转型升级、加速中国经济高质量发展具有重要的现实意义和实践价值。

第二节　研究内容及结构安排

第一章绪论。绪论部分主要包括研究的背景、研究的理论意义与现实意义、研究内容及结构安排、研究方法、主要创新点以及不足之处。此部分简明扼要地呈现了本书的全貌，是快速了解本书的窗口。

第二章相关理论与文献综述。此部分一是对文章研究对象的概念进行了清晰界定，并对相关理论进行了系统阐述；二是从国外文献和国内文献两个方面对已有文献进行了梳理，并对其做了简要评述。

第三章中国产业结构转型升级的历史沿革及现状分析。此部分一是将中国产业结构转型升级的演变分为三个阶段，即物质要素驱动下的重工业优先发展阶段、物质要素驱动下的产业结构协调发展阶段和创新驱动下的产业结构转型升级阶段；二是分别对创新和产业结构转型升级已经取得的成就和发展所面临的问题进行了总体概括，客观呈现了中国创新与产业结构转型升级的发展现状。

第四章创新驱动对中国产业结构转型升级影响的作用机制。此部分一是基于数理模型简要分析了创新对产出的影响；二是从创新驱动改变供需结构、创新驱动引发收入变动、创新驱动深化社会分工、创新驱动强化空间关联以及创新驱动政策保障产业发展等方面，深入分析了创新驱动对产业结构高度化的量、产业结构高度化的质以及产业结构合理化影响的作用机制。

第五章中国创新驱动指数体系的构建与测算。此部分基于"创新驱动认知基础—创新驱动主体要素投入—创新驱动主体成果产出—创新驱动扩散效应—创新驱动溢出效应"五大维度，利用主成分分析法对中国创新驱动指数进行了测算，结果显示：①中国创新驱动指数持续上升，创新驱动能力稳步增强；②中国创新驱动价值链经历了从"认知基础保障"和"要素投入"协同拉动阶段向"成果产出推动阶段"的转变，较高的创新驱动成果产出将是提升创新驱动价值链的关键；③推动中国创新驱动发展并具有主导创新贡献度的三大创新驱动主体经历了从研发机构向高等学校，进而向规模以上工业企业的转变；④中国各地区之间创新驱动能力差异较大，且长期的地区固化将进一步扩大该差距并制约中国全面实施创新驱动发展战略。

第六章创新驱动对中国产业结构转型升级的直接效应。此部分基于 2009 - 2016 年中国省际面板数据，采用普通面板、系统广义矩估计（SYS-GMM）和面板分位数回归模型（QR）研究了创新驱动对中国产业结构转型升级的影响，结果显示：①创新驱动能显著促进产业结构高度化的量与产业结构高度化的质，但对产业结构合理化无明显影响，这说明创新驱动并未显著推动中国产业结构转型升级；②面板分位数回归结果显示，创新驱动仅能促进低分位数上产业结构高度化的量和质，对较高分位数上的产业结构转型升级无显著促进作用；③创新驱动价值链的五大维度对中国产业结构转型升级的影响存在异质性，仅创新驱动成果产出能显著推动中国产业结构转型升级，而创新驱动认知基础薄弱、主体要素投入质量较低以及成果产出转化率不高导致的扩散效应和溢出效应不强对产业结构转型升级的带动作用尚未完全体现；④创新驱动高组对产业结构高度化的量和质的促进作用较创新驱动低组更大、更显著；⑤创新驱动仅能同时显著促进东部和中西部地区产业结构高度化的质，且对中西部地区产业结构高度化的量的促进作用大于对东部地区的，这有助于加速东部和中西部地区之间产业结构高度化的平衡发展。

第七章创新驱动对中国产业结构转型升级的空间效应。此部分通过引入空间关联因素，采用空间杜宾模型SDM深入研究了创新驱动对中国产业结构转型升级的空间影响。结果显示：①创新驱动对周边地区产业结构高度化的量具有显著促进作用，而对产业结构高度化的质和产业结构合理化的促进作用不显著；②空间效应分解结果表明，创新驱动对产业结构高度化的量的间接效应和对产业结构高度化的质的直接效应显著为正，且对两者的总效应亦显著为正，而对产业结构合理化无显著影响，这说明创新驱动仅带来了产业结构的"虚高度化"，整体上并未推动中国产业结构转型升级；③空间矩阵的拓展进一步显示，在经济距离空间权重下，创新驱动对经济发展程度相近地区的产业结构转型升级均表现出积极的推动作用，而在制度质量空间权重下，创新驱动能显著推动制度相近地区产业结构高度化的量和产业结构合理化，这肯定了经济发展水平和制度在创新驱动产业结构转型升级过程中的积极作用。

第八章创新驱动对中国产业结构转型升级的政策效应。此部分以国家高新区为创新驱动政策变量，采用双重差分法DID分析了国家高新区对产业结构转型升级的影响。结果显示：①国家高新区能显著促进产业结构高度化的量，但未显著促进产业结构高度化的质和产业结构合理化，即国家高新区并未有效推动中国产业结构转型升级；②国家高新区对产业结构转型升级的影响存在明显的成长周期异质性，"成熟型"国家高新区较"成长型"国家高新区对产业结构高度化的量的促进作用更为显著；③在"一市一区"与"一市多区"两种布点情形下，国家高新区对产业结构转型升级的影响不存在明显差异，均能显著促进产业结构高度化的量，抑制产业结构高度化的质；④国家高新区对产业结构高度化的质的影响不存在明显的区域差异，位于东部发达城市的国家高新区对产业结构高度化的量与产业结构合理化的影响不显著，位于中西部欠发达城市的国家高新区能显著促进产业结构高度化的量，但对产业结构合理化具有显著的抑制作用。

第九章创新驱动促进产业结构转型升级的国际经验及启示。此部分以美国、日本、韩国、新加坡和以色列为例，阐述了发达国家创新驱动对产业结

构转型升级的国际经验，并在总结发达国家经验的基础上提出了对中国的
启示。

第十章创新驱动促进中国产业结构转型升级的对策建议。此部分结合全书的
理论分析与实证结果，并根据中国创新驱动推动产业结构转型升级的现状以及相
关国际经验，提出了全面实现以创新驱动促进中国产业结构转型升级的对策建
议。本书的结构框架如图1-1所示。

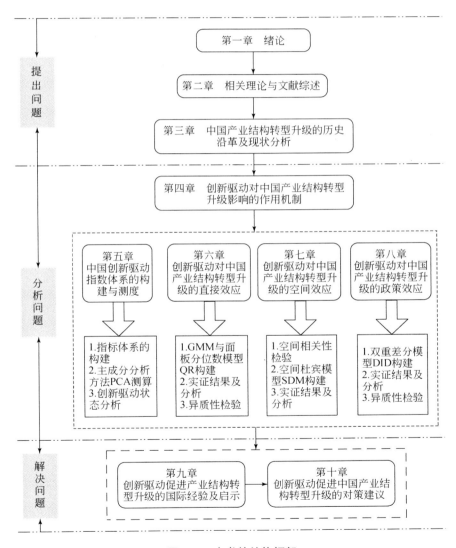

图1-1 本书的结构框架

第三节　研究方法

为进一步深入研究创新驱动对中国产业结构转型升级的具体影响，本书基于国内外相关研究成果，主要采用以下四种研究方法：

一是文献归纳法。文献归纳法是构筑研究整体框架的基石，为本书后续展开起到了支撑作用。创新和产业结构转型升级是个古老又崭新的话题，古老是因为这两个分支领域已有大量学者对其进行了深入研究；崭新则是因为以创新作为产业结构转型升级和经济高质量发展的驱动力量仍是未来中国乃至世界致力追求的方向。本书在研究初始，笔者搜索和整理了大量国内外相关文献资料，详细梳理归纳了创新驱动与产业结构转型升级的概念，并根据二者的概念内涵提出了相应的测算方法。同时，笔者系统地阐述了内生增长理论、比较优势理论、分工理论、产业结构理论以及创新扩散理论等相关经济基础理论，加深了创新驱动对产业结构转型升级影响的理论认知。

二是规范分析与实证分析相结合。本书在广泛阅读和梳理归纳相关文献的基础上，首先，以数理模型简单论述了创新对产出的影响以及不同偏向型技术进步对产出的不同影响。其次，本书从创新驱动改变供需结构、创新驱动改变就业收入、创新驱动深化社会分工、创新驱动加速改旧出新、创新驱动强化空间关联和创新驱动政策保障产业发展六个方面详细阐述了创新驱动对中国产业结构转型升级影响的作用机制。最后，本书通过构建创新驱动指标体系，采用主成分分析法测算了中国创新驱动指数，同时结合普通最小二乘估计法（OLS）、固定效应模型（FE）、系统广义矩估计、面板分位数模型（QR）、空间杜宾模型（SDM）以及双重差分模型（DID）等多种数理模型系统研究了创新驱动对中国产业结构转型升级的多重影响。

三是时序分析与空间分析相结合。本书在测算中国创新驱动指数时，采用主成分分析法测算了中国 2000-2016 年中国创新驱动指数的时序变化，从而得到中国创新驱动指数逐年增加、创新驱动能力逐年增强，但创新驱动能力区域差异较大、地区固化现象严重的结论。之后考虑到创新驱动本身具有的扩散效应和外溢效应，本书采用空间杜宾模型（SDM）分析了创新驱动对中国产业结构转型升级的空间影响，深入探讨了纳入空间关联因素后，创新驱动对产业结构转型升级的具体影响。

四是对比分析法。本书在研究创新驱动与中国产业结构转型升级的整体宏观基础上，首先，根据创新驱动的不同维度、地域分布以及创新驱动强度等视角分析了创新驱动对产业结构转型升级的差异化影响。其次，在创新驱动政策对产业结构转型升级的影响部分，本书以国家高新区为政策切入点，从国家高新区的成长周期、分布特点以及地域分布三个方面对比分析了国家高新区对产业结构转型升级的差异化影响。同时，在借鉴发达国家创新驱动促进产业结构转型升级的国际经验基础上，分析比较了美国、日本、韩国、新加坡和以色列五个国家在推行以创新驱动促进产业结构转型升级过程中的成功做法，为中国提供了政策借鉴和实践经验。

第四节　主要创新点及不足之处

（一）主要创新点

首先，在概念界定与测算方面，本书明确界定了创新驱动与产业结构转型升级的概念，并对这两个变量进行了定量测算。其中，创新驱动指基于完善的创新认知基础，以企业、科研院所和高等学校为创新活动参与主体，利用全新的知识（人力资本）、充裕的资本、先进的技术、完善的企业组织制度和新颖的商业运营模式等"效率型"创新要素对劳动力、资本等"物质型"有形要素进行重新组合，以提升要素配置效率和全要素生产率，加速创新成果产业化和商业化应用，并通过科技成果的扩散效应和溢出效应，转型升级产业结构、实现经济高质量发展的长期动态过程。据此，本书基于"创新驱动认知基础—创新驱动主体要素投入—创新驱动成果产出—创新驱动扩散效应—创新驱动溢出效应"五大维度测算了中国创新驱动指数。产业结构转型升级是指基于地区资源要素禀赋特点，与产业发展内外部环境相协调的产业结构内部资源配置持续优化、产业效率持续提升的动态调整过程，主要包含三个方面：①产业结构高度化的数量增长，指在比例份额上，三大产业实现从以第一产业为主逐渐向以第二产业、第三产业为主的"数量型"高度化变迁过程，客观反映了中国经济的"服务化"趋势，是产业结构高度化的"数量"特征；②产业结构高度化的质量提升，指三大产业内部劳动生产率由低到高的提升过程，反映了产业效率的提高和升级，是产业结构高度化的"质量"特征；③产业结构合理化，指三大产业之间相互关联、协调发展的过程，是对产业内部资源配置效率高低和资源配置是否合理的客观反映。本书从上述三个细分维度测度中国产业结构转型升级有助于政府部门制定相关政策。

其次，从历史演化的视角对中国产业结构转型升级的发展历程做了阶段性划分。本书基于推动中国产业结构转型升级的动能转换，以改革开放和经济新常态作为两个历史节点，将中华人民共和国成立之后的产业结构转型升级变迁过程划分为物质要素驱动下的重工业优先发展阶段（1949–1977年）、物质要素驱动下的产业结构协调发展阶段（1978–2012年）和创新驱动下的产业结构转型升级阶段（2013年之后）三个发展时期，创造性地提出了中华人民共和国成立70余年以来，中国产业结构转型升级的"三阶段"发展论，为分析创新驱动影响产业结构转型升级提供了深厚的历史依据。

再次，在理论机制阐述方面，本书从数理模型和理论阐述两个角度归纳总结了创新驱动影响中国产业结构转型升级的作用机制。一方面，本书基于数理模型简要分析了创新对产出的影响；另一方面，从创新驱动改变供需结构、创新驱动引发收入变动、创新驱动深化社会分工、创新驱动强化空间关联以及创新驱动政策保障产业发展等方面，深入分析了创新驱动影响产业结构高度化的量、产业结构高度化的质以及产业结构合理化的作用机制，丰富了既有研究文献。

最后，在实证方面，本书采用多种模型深入分析了创新驱动对中国产业结构转型升级的多重影响。一是根据测算得出了中国创新驱动指数和产业结构转型升级的细分维度，采用普通面板模型、系统广义矩估计、面板分位数模型以及空间杜宾模型深入研究了创新驱动对中国产业结构转型升级的直接影响和空间影响。二是基于创新驱动政策，以设立国家级高新技术产业开发区为例，采用双重差分法研究了国家高新区对中国产业结构转型升级的影响，并分别从国家高新区的成长周期、"市—区"布点和区域分布三方面分析了国家高新区对产业结构转型升级的异质性影响。三是根据上述实证结果以及发达国家的相关经验，提出了未来中国实现以创新驱动促进产业结构转型升级的对策建议，为未来中国全面落实创新驱动中国产业结构转型升级，实现中国经济高质量发展提供了理论依据和现实指导。

（二）不足之处

首先，本书仅对中国省际层面的创新驱动指数进行了测算，这主要是因为本书提出的"创新驱动认知基础—创新驱动主体要素投入—创新驱动成果产出—创新驱动扩散效应—创新驱动溢出效应"五大维度共计30项基础指标的中国创新驱动指数指标体系所需的数据范围较大，涉及部门较多，在省际层面具有较好的数据可获得性，而地级市层面的相关数据较难获得。未来随着地级市层面相关创新数据的逐步公开，可将创新驱动指数的测算延伸至地级市等更加微观的层面。

其次，创新影响产业结构转型升级是一个经典的经济学命题，但通过构建理论模型解释其内在作用机制仍然存在较大难度。本书仅从简单的数理模型着手，分析了创新对产出的影响以及不同偏向型技术进步对产出的影响，未能直接构建理论模型阐述创新与产业结构转型升级之间的作用机制，这也是未来需要进一步强化的地方。

最后，虽然本书的研究重点是创新驱动对中国产业结构转型升级的影响，并且本书也采用多种实证模型深入分析了创新驱动对产业结构转型升级的多重影响，但是囿于体制、机制等各种不可量化因素的限制，未能对创新驱动影响产业结构转型升级过程中的深层次机制做深入分析和量化研究。未来随着更多数据的公开与获得，对该影响背后的机制进行实证分析将是学术界重点关注的方向。

第二章 相关理论与文献综述

第一节 相关理论

一、重要概念界定

（一）创新驱动的概念界定

"创新"是经济研究中的一个经典概念，首次由约瑟夫·熊彼特提出，并一度成为推动世界经济发展的永恒主题。熊彼特在《经济发展理论》中，从五个方面将创新界定为一种"新的生产函数"，它是要素之间的一种新的投入比例，旨在提高社会潜在生产能力。就其内涵而言，具体包括：①引进一种新产品，即消费者当前还不熟悉的产品或一种产品产生某种新的特性；②采用一种新的生产方法，即当前有关制造部门还没有通过经验检验的方法；③打开一个新的市场，即某一个制造业部门以前没有进入过的市场，而无论这个市场以前是否存在；④征服或者控制原材料或半制成品的某种新的供给来源；⑤执行一种新的组织，包括形成一种垄断地位或打破一种垄断地位[8]。20 世纪 50 年代，美国学者彼得·德鲁克从创新赋予人力和物质资源新的和更大的财富创造角度出发，认为创新是有系统地在市场的薄弱之处、新知识的萌芽期以及市场的需求和短缺中寻找机会，可以将一切改变现有资源财富创造潜力的行为都称之为创新，该观点是对创新边界的进一步拓展和延伸。之后，索洛[9]在对熊彼特理论进行评论时首次提出技术创新成立需要新思想来源和后阶段发展两个条件，划时代地指出创新既指技术层面的革新，也指创新技术的市场化推广及产业化应用，肯定了技术创新是科技成果转化为商品并在市场上成功交换，以获得经济效益的过程。

价值实现是创新成功的关键环节。创新不同于发明，只有实现其价值转化才是具有价值和意义的创新。但在现实中，人们常常将创新与发明视为等同，忽视了发明与创新之间的差异。熊彼特较早地指出了创新与发明的区别，他认为先有发明，后有创新，前者是发现新的工具或新的方法，后者是应用新的工具或新的方法。发明创造是科技行为，技术创新则是经济行为，推动技术创新的是企业家而不是发明家或革新者[10]。如果发明未得到实际应用，那么它在经济上就是不起作用的。对此，有学者简明扼要地将创新界定为新技术的实际使用或首次商业化应用过程[11-13]，明确指出了创新的最终落脚点。

创新是一个以构思新颖和成功实现为特征的非连续破坏性事件，它是新思想、新产品和新方法被创造、发明和再发明的复杂过程[14-19]，是已知最复杂、开放而且不断变化的创新系统[20]。创新是一个主观概念，对于采用它的个体而言，有时是新颖的，但对创新本身而言，有时却并非新颖的[17,19,21-22]。一项创新的发明和出现目的在于便利个人、集团、组织或更广泛的社会[23-24]。江洪[25]认为创新是一项社会活动，其强度和发展受法律、制度、风俗及管制的影响。陶长琪和齐亚伟[26]认为创新是对企业生产要素组合和创新系统结构的改进与变革，目的是建立一种新的生产经营系统，该经营系统包含更高的效率和更低的费用。从某种意义上说，创新过程是将知识、技能、物质转化为市场接受或顾客满意的产品，实现旧结构向新结构的自组织动态演化。

后面学者对熊彼特创新理论的发展多基于技术创新视角。Enos[27]基于行为过程视角，认为技术创新是集发明选择、资本投入、组织建立、制定计划和开辟市场等一系列行为为一体的综合结果，其实质是新技术的产生和应用[28]。可以说，技术创新是企业以营利为目的，以市场为导向，重新组织生产要素，建立生产效率更高的经营系统，借以实现创新成果的商业性转化[10,29]。1999年，国家明确提出"技术创新，是指企业采用新的生产方式和经营模式，提高产品质量，开发生产新的产品，提供新的服务，实现市场价值"① 的过程。作为一种企业组

---

① 中共中央 国务院关于加强技术创新，发展高科技，实现产业化的决定［EB/OL］.（1999-08-20）. http://www.most.gov.cn/gxjscykfq/wj/200203/t20020315_9009.htm.

织行为，黄寰[30]认为技术创新是基于经济效益目标，兼顾社会效益和生态效益的非连续性技术活动，强调了技术创新过程的非连续性特点。总体而言，上述论断均认为创新成果的商业化应用是一项创新活动的最终目标。

随着经济快速发展，中国必须摆脱传统以模仿和适应为主的技术创新类型，伴随政府主导下的创新发展，增强原生性创新能力[31]，形成具有独立知识产权的自主创新，这也是美国成为全球创新能力强国的关键所在[32]。陈劲[33]最早认为自主创新是在引进、消化并改进国外技术的过程中，通过自身努力，攻破技术难关，形成有价值的研究开发成果，完成技术成果的商品化，并获取商业利润的活动[34]，其发展基础包括自主研究开发基础和引进技术基础[35]。虽然自主创新更多强调创新技术的原始性，但自主创新并不意味着取缔技术引进，而是要在引进技术的基础上加强对先进技术的消化吸收与再创新。余江和方新[36]认为自主创新是通过独立研发新的产品技术和工艺技术，增加新产品供给，提升新产品的市场竞争力。自主创新能力的增强有助于提高地区将知识转化为新产品、新工艺、新服务的能力，提升区域科技创新能力和区域科技竞争力[37-39]。面对持续开放的国际背景，外部先进技术的可获得性在逐渐增加，全球科技资源的互联互通有助于增强我国自主创新能力[40]。此外，创新极化规律表明，在技术创新过程中，不同的创新并非均匀、孤立地分布于时间轴上，而是存在群集现象[41]，集中性是最普遍的创新特征之一[42]。陶长琪和齐亚伟[26]还提出不稳定性是创新系统演化的固有特征，临界点上随机"涨落"力的驱动是决定创新系统失稳后演化路径的重要因素，创新过程具有不确定性。

当下，创新驱动已成为实现中国经济高质量发展的关键动能。早在1990年，哈佛大学商学院的迈克尔·波特教授率先将一国竞争力发展分为"生产要素驱动—投资驱动—创新驱动—财富驱动"四个阶段[43]，创新驱动是继要素驱动和投资驱动之后的重要阶段。在中国，洪银兴[44-45]较早地给出了创新驱动的完整定义，他认为将经济发展的动力引擎转为创新驱动，实际上就是利用知识、技术、企业组织制度和商业模式等对现有要素进行重新组合，改造传统物质资本、提升劳动者素质、提高科学管理水平，推动生产投入从过分依赖要素数量向要素质量转变，通过应用和扩散实现科技成果的产业化与商业化，全面实现经济内生增长，不断提高经济发展效率[46-47]。创新驱动的本质在于实现高技术产业创新在中低技术产业中的渗透与扩散，协同带动中低技术产业提升全要素生产率，进而优化整体要素资源的配置结构[1]。中国实施创新驱动发展的过程包括嵌入驱动、协同驱动、融合驱动和逆向驱动四个阶段。目前，中国经济已经进入嵌入驱动阶段，实现创新驱动发展的核心要素主要有知识溢出、研发、"干中学"以及知识产权保护[3]，这对推动未来中国产业结构转型升级和经济高质量发展具有深远意义。

在创新的定量测算方面，已有文献基本肯定了研发和专利之间存在显著相关性[48]，而且众多学者直接以每年申请的专利数量作为区域创新绩效的度量指标[49-52]。贺京同和李峰[53]分析发现国外研究也已证明采用发明专利申请受理数量测度"自主创新"是合理的。古利平等[54]基于专利与科研资源等指标，通过回归分析得出中国创新投入产出弹性较高的结论。李习保[55]以发明专利申请量和授权量作为创新产出的指标，实证分析了影响我国区域创新能力差异的效率因素。专利数据之所以会成为创新指标的代理变量，主要因为其具有以下优势：①专利标准相对客观、变化缓慢，是衡量创新活动相当可靠的指标[48-49]；②专利数据包含了大量关于技术、发明以及发明者的信息，为创新的分类研究提供了依据；③专利数据容易获取；④各地区专利申请、审查、授权的制度法规在一个国家内基本一致，不同区域之间的专利数据具有可比性。不可否认，专利数据只是衡量和奖励了创新行为，并没有考虑顾客价值，不足以反映创新成果的质量以及市场的商业化水平。因为一个产品的价值应该用其传递给客户的价值来衡量[52]，但大学及科学家创新的成果往往会因信息不对称而存在创新风险和市场风险[56]。在现实中，创新能力代表企业的发展潜力，学术界一直基于创新投入或创新产出来测度企业创新能力的强弱，这在很大程度上无法真实体现企业的创新能力[57]，一些学者便尝试使用新产品销售收入作为创新绩效的衡量指标[58-59]，这在一定程度上反映了创新成果的市场应用和商业化水平。之后，学者采用创新绩效指标测算创新能力的强弱。效率是一个相对指标，它结合了创新的投入要素和产出要素，避免了单纯采用专利产出数据表征创新能力的片面性。但囿于贪图专利数量的激增而忽视质量的提升，使得中国成为目前世界上典型的"专利数量大国"，而非"创新质量强国"。可见，专利活动已经不能准确地反映一国的实际创新水平，这是因为：①中国很多的创新都不是专利对象；②大部分专利（尤其是实用新型专利和外观设计专利）价值较低；③货币激励改变了发明（或者更恰当地说是专利）活动的初衷，即从创新转向寻求短期的资金奖励[60]。于是，部分学者开始采用多指标评价体系测算创新质量。Haner[61]创造性地将创新质量定义为创新绩效在潜能、过程和结果三个维度上的总合。张古鹏等[62]利用专利授权率和专利付费期长度两项指标衡量了创新质量。马永红等[63]从创新过程、创新产出和创新经济效益三个维度构建了技术产业创新质量评价体系。

基于上述已有研究，中国必须在吸收国外先进技术的基础上，结合本国科技水平发展基础，形成一种具有本国特色、符合本国发展阶段且具有原始创新特性的创新驱动能力。因此，本书研究的"创新驱动"是带动中国产业结构转型升级、实现经济高质量发展的核心动能。具体是指基于完善的创新认知基础，以企业、科研院所和高等学校为主要创新活动参与主体，利用全新的知识（人力资本）、充裕的资本、先进的技术、完善的企业组织制度和崭新的商业运营模式等"效率型"创新要素重新组合现有劳动力、资本等"物质型"有形要素，提升要素配置效率和全要素生产率，通过创新成果的产业化和商业化应用以及科技成果的扩散效应和溢出效应，转型产业结构、实现经济高质量内生增长的长期动态过程。就创新驱动的内涵来看，包含三个方面：①创新驱动的基础环境包括科技设施基础、人力资本基础、制度环境基础以及金融信贷基础，这四个方面涵盖了实现创新驱动所必须的基础支撑，为全面实施创新驱动奠定了坚实的基础；②创新驱动的作用主体主要是从事创新活动的机构，本书包括企业、研发机构和高等学校三大机构，比较全面地涵盖了创新活动的主体；③作用效果是创新驱动通过产业化、商业化过程实现对经济、民生等方面的溢出，完成了一轮创新驱动动态化发展的过程。

（二）产业结构转型升级的概念界定

"产业"一词最早由重农学派提出，特指农业。之后经过理论演化与发展，产业的内涵由原来的专指农业拓展到生产同类产品或服务及其可替代品或服务的企业群，即产业成为在同一市场上具有某种相互关系的企业集合。正如杨公朴等[64]所提到的，产业是一些具有某些相同特征的经济活动或经济组织的集合或系统。对于产业结构，早在17世纪，威廉·配第首次提出国民收入差异和经济发展阶段差异取决于产业结构差异的观点。随后，富朗索瓦·魁奈从纯产品理论、亚当·斯密从绝对优势理论、大卫·李嘉图从比较优势理论等均对产业结构做了阐述。1935年，阿·费希尔依据阶段性经济发展规律在《安全与进步的冲突》一书中首次提出了"第三产业"的概念，以此区别第一产业和第二产业。

之后，经过科林·克拉克、西蒙·库兹涅茨、罗斯托、钱纳里等一批学者的深入研究，极大地推进和发展了产业结构理论。其中，里昂惕夫的经典之作《1919-1929 年美国经济结构》一书将产业结构理论推升至一个新的高度，并在实证研究上取得了突出成就。

随着产业的成长与发展，不同产业之间往往需要进行适时调整和转换，形成合理的产业结构。特别是在发展中国家，结构转变是伴随人均收入增长所发生的需求、贸易、生产和要素使用结构的全面变化，经济增长进程也是结构转变的一个组成部分[65]，可见，产业结构的调整与转变无疑已成为结构转变中最关键、最核心的内容。产业结构调整是不同部门或地区之间的生产要素配置比例关系，既是经济增长的结果，也是经济增长的起点，刻画了产业结构发展的质变过程。具体来说，产业结构是不同种类的生产要素在不同产业部门间的配置构成方式[66]，是社会生产过程中国民经济各产业之间的构成状况及相互制约的生产技术经济联系和数量比例关系[30]。产业结构包括产业之间的比例关系和各产业之间的联系方式或关联方式，前者涉及结构均衡问题，后者涉及结构效益问题。产业结构调整的目的是消除结构性短缺或结构性过剩，增强高效率部门中的生产要素流入效应，提高资源配置效率，升级产业结构。

产业结构的持续调整和转化构成了产业结构演变的历史过程，刻画了产业结构变迁的基本路径。作为衡量国家间经济实力的重要标志，产业结构演变也是实现经济可持续发展的核心要求[67]。但是，一个国家或地区的产业结构形成之后，并非一成不变，而是伴随供需结构、区际贸易与区际投资、制度安排等因素的变动处于随时打破旧有均衡、实现新均衡的动态转换过程中，这种由动态变化的产业发展与产业扩张有助于加速产业结构调整，优化区域产业结构，并已成为区域经济增长的引擎[40]，这也是带动未来中国经济高质量发展的关键变量。

就产业结构优化升级的内涵而言，Hirschman[68]认为一般意义上的产业升级是在一国或区域范围内，专业化程度的提高、本地产品附加值的增加以及前向或后向一体化程度的提高，主要来自学习能力、吸收能力和创新能力的提高。而要通过新旧产业更替和转化实现产业结构转型升级，需要以下三点转型：①劳动密集型—资金密集型—资金技术密集型—知识技术密集型；②传统产业—新兴产业—新兴与传统相结合的产业；③低附加价值—高附加价值—更高附加价值，产业结构的这种转换是经济发展要求和经济增长任务共同作用下的结果[69-71]。面对经济转型的新常态,在持续开放条件下,产业结构转型升级包括以工业化进程带动新产业建立和提升产业价值链两层含义[72]。事实证明,多种因素的共同作用将加速中国产业结构转型升级的步伐。

伴随经济快速增长,产业结构升级将通过大力发展科技创新提升和改造传统生产力低下的产业,并以核心技术的创新与突破催生新产业的诞生与发展,从高度化与合理化两个维度提高我国产业发展国际化,提升产业素质与竞争力[71,73-77]。其中,产业结构高度化强调的是产业结构发展水平的提升,包括主导产业的选择、战略产业的培育及衰退产业的退出这一由简单到复杂、由低级到高级的动态演进过程。在此过程中,不断升级的产业结构将加速产值占比优势由第一产业向第二、第三产业转移,并将同时实现由初始的劳动密集型产业向最终的技术知识密集型产业转化,不断提高劳动生产率水平以及产品附加值等[78]。产业结构合理化旨在加强产业间协调能力与提高产业间关联水平,主要表现为产业素质协调、产业之间相对地位协调、产业之间联系方式协调以及最终达到结构效益最大化①四个方面[30],以此保证各产业充分利用国际分工的好处,实现本国优势资源在产业之间的合理配置和高效使用,促进产业均衡、协调、良性发展。产业结构转型升级往往还受外界其他因素的影响。其中,较普遍且重要的因素之一是技术进步,技术进步一方面提高了相关产业部门的劳动生产率,另一方面提高了对新产品的消费[79],从效率和需求两方面同时拉动了产业结构升级。除此之外,在推动产业结构转型升级的过程中,需求是市场导向,科技进步是直接动力,制度安排是体制保障,资源供给是物质基础[80],它们共同发挥着积极作用。改革开放 40 多年来,在市场经济体制不断完善和产业结构持续优化的过程中,政府通过完善基础设施和增加创新者的"外部性补偿",提高了产业竞争力,降低了企业创新风险[77]。未来要实现产业结构转型升级,需综合考虑上述因素。

此外,学者对产业结构转型升级的测算也进行了研究。比如,对产业结构转型升级整体而言,周昌林和魏建良[81]基于分工和专业化两个决定性因素,引入

---

① 黄寰认为产业素质协调是指各产业之间不存在技术水平断层与劳动生产率的强烈反差;产业之间相对地位协调是指各个产业因不同的增长速度而处于不同地位,形成具有丰富层次的排列组合;产业之间联系方式协调是指通过相互之间存在的生产技术经济联系,发生相互依赖、相互服务、相互促进的关系;达到结构效益最大化是指在投入品与中间产品之间、中间产品与最终产品之间、最终产品与用户消费之间,保持动态和谐的比例关系,使产业结构在合理化的同时具有向高度化发展的能力。

各产业部门占比与各产业劳动生产率测算了产业结构水平系数，为产业结构转型升级的量化研究提供了借鉴。黄寰[30]认为产业结构转型升级的内涵包含"量"和"质"两个方面，前者是静态研究和分析一定时期内各产业间或产业内部的数量比例关系，后者是动态揭示各产业间技术素质（即技术水平和经济效益）的分布状态，它反映了主导产业在经济发展过程中的替代规律及其相应的结构效益。之后，为进一步刻画产业结构转型升级的丰富内涵，学者从产业结构高度化与产业结构合理化两个分维度进行了测算，比如，干春晖等[82]采用第三产业产值与第二产业产值之比测度产业结构高级化，刻画了产业结构朝"服务化"方向发展的特征，并采用产业结构泰尔指数作为产业结构合理化的逆向替代指标。杨坚[83]从产业结构合理化、产业结构高度化和产业结构高效化三个维度测度了海洋产业结构转型升级水平，其中，产业结构高度化的测算指标与周昌林和魏建良的研究[81]一致，产业结构高效化指标采用劳动生产率作为代理变量，可以说，他所使用的产业结构高度化测度指标在内涵上包含了产业结构高效化。同时，产业结构合理化指标则以产业比例分析法所计算出的三次产业结构比例指标作为代理变量，当第二产业与第一产业的比值、第三产业与第一产业的比值均增加时，意味着第二产业与第三产业在国民生产总值中所占比重逐年上升，第一产业所占比重逐年下降，这说明产业结构逐渐趋于合理化。但是，该产业结构合理化指标是以第三产业分别与第二产业、第一产业的产值之比进行测度，是单纯的数量测算，忽视了产业内部资源的分配及与产业产值的协调程度，未准确反映产业结构合理化水平。总体而言，产业结构高度化与合理化是众多学者普遍采用的指标。

由此可见，既有文献已经对产业结构转型升级进行了大量研究，就产业结构转型升级本质而言，"转型"是指产业结构由高投入、高耗能、低产出、低效益转为低投入、低耗能、高产出、高效益的动态过程，是资源配置合理化和产出高效化的结果；"升级"不仅是指第一产业向第二、第三产业高度化演进，还包括产业内部技术向纵深方向发展演进，提升产业劳动生产率的动态过程，产业结构转型升级主要解决的是资源配置的平衡问题和资源配置的效率问题，既要实现结构合理化，又要不断高度化[84]，已有文献也多是从产业结构高度化与产业结构合理化两个方面进行论述。当下，面对中国经济从数量增长向高质量发展转型的基本事实，对于产业结构转型升级也应赋予新的内涵。本书所研究的产业结构转型升级是指基于地区资源要素禀赋特点，与产业发展内外部环境相协调的产业结构内部资源配置持续优化、产业效率持续提升的动态调整过程，产业结构转型升级是一个相对概念，是经济发展到一定阶段的必然要求。本书所指的产业结构转型升级包含三方面的内涵：①产业结构高度化的数量增长，指三大产业在比例份额上从以第一产业为主逐渐向第二产业，并最终向以第三产业为主的"数量型"高度化缓慢变迁的过程，客观反映了未来中国经济的"服务化"趋势，是产业结构高度化的"数量"特征；②产业结构高度化的质量发展，指三大产业内部劳动生产率由低到高的"质量型"提升过程，一定程度上反映了产业效率的提高和升级，是产业结构高度化的"质量"特征；③产业结构合理化是对产业内部资源配置效率高低和资源配置是否合理的客观反映，具体表现为三大产业间的相互关联与协调发展。

二、相关理论阐述

（一）内生增长理论

经济增长理论的发展经历了漫长的演变过程。从古典经济学派的"财富增长"到马克思的"扩大再生产原理"，从哈罗德–多马的"刃锋理论"到新剑桥学派的"稳定增长模型"，从索洛的"余值分析"到菲尔普斯的"经济增长黄金规则"，从麦多斯的"增长的极限"到罗默和卢卡斯的"新经济增长模型"等，刻画了经济增长理论不断深化的历程[85]。古典经济理论将储蓄和投资视为保证经济增长的决定性变量，肯定了物质资本对经济增长的拉动作用。亚当·斯密更是在《国民财富的性质和原因的研究》（以下简称《国富论》）中阐述了资本积累和资本形成的重要作用，他认为根据事物发展的基本规律，资财的蓄积必须在分工之前，而且蓄积的资财越丰富，劳动分工就越精细，等量工人生产加工的材料就能按更大比例增加，国民财富也将大幅增加；同时，资本的增加能极大地缓解企业发展的融资约束，不仅能雇用大量劳动者从事生产活动，也能通过使用机械器具对原有生产方式进行改良，提高劳动生产率。马克思认为资本积累是经济增长的源泉，尤其是在粗放式经济增长阶段，资本积累更是推动经济增长的首要动力。而且，马克思已经认识到科技进步能推动更多生产要素，新的科技发现和新的发明应用能极大地提高劳动生产率，推动经济发展。但是，物质资本边际收益递减规律终将减缓经济增长速度。之后，西方经济危机的发生引发了学者对经济增长理论的深入研究，在此背景下，哈罗德–多马从投资的需求效应和供给效应出发，将时间因素纳入凯恩斯的短期静态分析，使之长期化、动态化。哈罗德–

多马认为经济增长率等于储蓄率与资本产出率之比，当资本产出率不变时，储蓄率决定了经济增长的快慢；而当经济处于均衡状态时，储蓄等于投资。但是，哈罗德-多马模型得出的均衡增长路径在现实中犹如"刀刃"般狭窄，很难实现。

外生技术的引进加速了新古典经济增长理论的诞生，此时的经济增长理论同时具有凯恩斯经济学和凯恩斯以前的古典经济学成分。其中，最著名的就是1957年提出的索洛模型，该模型基于三个基本假设：①单个投入要素的边际产出递减。②资本和劳动可以相互代替。③技术进步希克斯中性。索洛模型认为，要素的边际产出递减规律决定了经济增长最终会达到一个稳定的平衡增长路径，即任何经济增长都存在收敛趋势。但因技术进步能有效克服资本边际产出下降，最终使经济持续增长成为可能。可以说，索洛模型最大的贡献是在生产函数中引入外生化的技术进步，打破了古典经济学所认为的经济增长最终会因要素边际产出下降而停滞的传统教条。

尽管新古典经济增长理论已经纳入外生的技术进步因素，但是仍然未从理论上说明经济增长的持续性问题。对此，内生经济增长理论适度放松了新古典经济增长理论的相关假设，并将技术进步内生化，但内生经济增长理论至今未形成一个统一的理论框架。其中，Arrow[86]的"干中学"模型认为人们通过学习知识推动技术进步，提高劳动生产率，而此过程将通过知识外溢、"边投资边学习"等途径传递到其他生产者和生产部门，使边际报酬递增成为可能；Romer[87]、Grossman和Helpman[88]等在资本或劳动力要素之外，将知识积累视为研发中间产品部门的重要活动，认为技术是有目的的研发活动的结果；之后，Lucas[89]提出人力资本的外部效应会产生递增收益的结论，认为人力资本要素是实现经济长期增长的动力。总之，内生经济增长理论的提出，肯定了技术进步因在不同国家之间存在差异而导致各国经济增长不可能趋于收敛，最终将呈现富国与穷国差异化发散增长的趋势。

（二）比较优势理论

绝对优势理论也称绝对利益学说或绝对成本理论，最早来自1776年亚当·斯密的《国富论》，该理论重点阐述了贸易有利于两国各自专业化生产具有绝对优势的产品，通过国际分工和专业化生产，提高劳动生产率，实现资源在国际间的有效利用，促进两种产品总产出同时增长，增进国民福利，获得"双赢"。也就是说，一个国家或者地区并不试图生产自己所需要的全部产品，相反，它仅生产具有绝对高效率的商品，并通过贸易获取其他商品，最大化总产出和全民总福利[90]。通常来看，这种绝对优势有两种来源：一是地区先天的自然禀赋，二是后天获得的某些有利条件[91]，前者称为先天禀赋优势，后者称为后天获得性优势。在实际生活中，有些地区可能会在多种技术上领先其他地区，从而在多种产品生产上存在绝对优势，而另外一些地区则在多种产品上均无绝对优势，但这并不意味着前一个地区生产多种产品，后一个地区不生产任何产品。对此，亚当·斯密的绝对优势理论已无法给出合理解释。于是，在绝对优势理论的基础上发展出了更具普遍意义的比较优势理论，可以说，绝对优势理论是比较优势理论的特例[91]。1817 年，作为资产阶级古典经济学的集大成者大卫·李嘉图基于相对生产率角度，提出了比较优势理论，认为不同地区之间存在各异的要素禀赋条件和经济发展现状，但都具有各自的相对优势，即使总体上处于劣势，也能"两害相权取其轻"，从诸多劣势中找到相对优势，意即决定地区之间贸易基础的是商品生产率的相对劳动生产率，而非生产该商品的绝对劳动生产率。

与此同时，一个国家或者地区的比较优势并非是永恒不变的。在经济发展过程中，比较优势的演进会协同规模收益、外部效应等促使劳动生产率沿学习曲线向上攀升，即比较优势可以通过后天学习或经验积累人为创造出来。于是，在20 世纪 70 年代末期，比较优势理论进一步发展为动态比较优势理论。英国经济学家 Stephen[92] 将动态比较优势明确界定为：当某部门生产活动的机会成本增长率降低时，就意味着该部门具有动态比较优势，这肯定了后发国家存在发展潜能。动态比较优势理论是对古典比较优势理论的延伸和发展，它主要取决于要素的结构变化、技术进步以及其他因素变化，并以此实现比较优势动态转移。对此，Mundell[93] 认为资本是影响一国要素丰裕度的重要变量，价格变动会引发资本流向资本相对稀缺的国家，通过不同国家之间资本要素总量的增加与减少，动态改变国家间的比较优势。Balassa[94] 在对传统比较优势理论进行完善和进一步发展之后，提出了著名的比较优势阶梯（或阶段）论。Stephen[92] 也提出了比较优势伴随时间逐渐演变的观点。之后，以 Yang[95] 为代表的新兴古典经济学派提出市场的发展和技术的进步离不开经济组织的演进，而这种演进最终将决定比较优势的内生演化。总之，无论是绝对优势理论，还是比较优势理论，抑或是动态比较优势理论，均是以地区资源禀赋为依据。但现实情况是：随着对自然资源的过度开采和使用，以要素投入为主推动经济增长，提升国家综合国力的做法已经难以为继，未来国家之间的竞争将更多集中于竞争优势而非资源优势。

竞争优势理论强调的是一个国家的创新驱动能力，即从"实物型"要素转型至"效率型"要素的竞争。竞争优势最早由美国哈佛大学商学院教授迈克尔·波特提出，他将一国竞争力的发展与演变概括为"生产要素导向—投资导向—创新导向—财富导向"四个阶段。在不同的发展阶段，促进国家竞争力发展的动力不同，并伴随经济发展逐渐转换。其中，生产要素导向、投资导向和创新导向是国家竞争优势发展的主要力量，会加速经济繁荣，而财富导向是经济上的转折点，此时，国家竞争优势会逐渐激烈，竞争能力强的企业会逐渐增加，产能低下、竞争能力弱的产业环节将被淘汰，国家经济可能因此走下坡路[43]，这一定程度上解释了国家之间的穷富演变（见图2-1）。

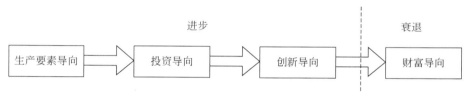

图2-1　国家竞争力发展的四个阶段

资料来源：［美］迈克尔·波特. 国家竞争优势［M］. 李明轩，邱如美，译. 北京：华夏出版社，2002.

在创新驱动经济发展阶段，产业竞争日益激烈，依赖先天禀赋型生产要素形成竞争优势的情况越来越少，经济发展必须依靠内生化的"效率型"创新要素加速产业升级。尽管产业已经丧失了以实物型生产要素推动发展的优势，但这有助于刺激创新的产生，加速推进产品与技术不断创新。此时，产业会向垂直深化和横向水平两个方向发展：一是下游产业的产品竞争力会带动上游、供应产业（包含机械设备业），抑或是由上游延伸到下游；二是既有的企业或新加入的厂商共同推动新产业形成更大的产业集群，水平化发展会增强不同产业之间的扩散效应，而新厂商的不断涌现会刺激产业更新技术，带动支柱性产业和强竞争力产业的形成[43]。企业竞争优势和行业竞争优势逐渐形成，并最终在宏观层面形成国家竞争优势，成为生产力发展水平上的优势，而这正是决定一个国家兴衰的根本原因[96]。

（三）分工理论

分工是各种社会劳动的划分，它是人们在进行生产、改造自然过程中逐渐形成的人类社会生产的基本形式。劳动分工是若干劳动者从事各种不同但又相互联系的工作，它与生产力发展具有密切联系：一是生产力发展水平决定了与此相应的社会分工的形式与内容；二是分工能促进生产力的发展。历史上曾经出现的三次社会大分工，即畜牧业和农业的分工、手工工业与农业的分工、商人阶层的出现，均与社会分工深化存在密切联系[96]。分工理论最早源自色诺芬，在《经济论》一书中，他肯定了任何工人或专家无法穷尽一切技艺的观点，并在《居鲁士的教育》一书中以小城镇与大城市中的分工实现进一步阐述了分工思想，指出人们在小城镇尽管能同时从事多种工作，也不易谋生，而在大城市仅需从事一种手工业便可维持生计，而且此时能将手工业做得更好[97]。虽然色诺芬已经意识到分工依赖于市场范围，但他只注意到了使用价值的品质[98]。色诺芬提出的分工与市场范围和市场规模之间存在密切关系的理论，影响了后来斯密提出的分工理论。

亚当·斯密在《国富论》一书中以制针厂为例，从手工每人每天平均最多只能制造 20 多枚到分工后每人每天平均制针 4800 枚中可以清晰地看到，微观经济主体基于特长分工，提高了生产的专业化程度，之后通过市场交换，促使社会福利最大化。在生产要素不变的情况下，分工可以从增强劳动者熟练程度、节约因转换工种而带来的时间损耗以及加速改进生产工具三个方面同时提高劳动生产率，并以此增加国家财富，提高国民生活水平。不难发现，斯密极其重视分工。但 Babbage[99] 提出了与斯密不同的分工理论，他认为劳动分工本身必须建立在技能差异基础之上，知识分工是劳动分工的原因或决定因素，而不是将知识分工理解为劳动分工的一个结果。马克思在《1844 年经济学哲学手稿》中批判性地指出旧分工理论将社会分工和生产活动割裂开来，忽视了社会分工的社会性和历史性，并将社会分工永恒化。在《资本论》中，马克思以工厂手工业的产生方式推演出劳动分工的出现，并提出生产活动由多个相互分离的手工业者并列协同完成，加速了分工的系统性演化，每个工人的劳动成为终身从事一种局部工作的器官，并成为一个局部工人，与独立的手工业者比较，他们能在较短的时间内生产出较多的东西，具有较高的劳动生产力。而且，手工业者不断从事同一种操作，会省去因完成多种操作而变更位置和更换工具的非生产性耗费，提高劳动强度和劳动生产率；专业化程度的加深将加速劳动工具的分化和专门化，不断改良已有器械，加剧这种工具的行业分化，强化其与其他行业的关联程度，从而转化为各种独立的行业，加速推动社会内部分工[100-101]，带动产业结构多元化发展。

马歇尔在《经济学原理》一书中提到，首先，分工会极大地提高效率，因为多次重复某一个生产环节（练习）能使一个人迅速且轻松地解决之前即使他付出最大努力也应付得不太好的问题。但是，分工所带来的专业化对效率的提高仅仅有利于一般低级工作，在高级工作上则不尽然，因为低级工作的分工最终会淘汰一大批机械从事简单工作的低技能劳动者，而高级工作的分工则无法取代以脑力劳动为主的高技能劳动者。其次，由于机械的改良与日益精细的分工共生演化，分工所带来的机械改良将促使工业规模扩大，工业更加复杂，进一步增加各种分工的机会和可能，特别是企业经营方面的分工。最后，由工业集聚所带来的外部经济和技术、机器等内部经济能实现报酬递增，成为推动一国经济发展的强大动力[102]，加速经济发展。杨格在《报酬递增与经济进步》一文中则从产业经营的整体性出发，提出了具有网络效应的劳动分工与市场规模的互动发展关系，这种相互促进的反馈作用是推动经济增长的动力源[103]。杨小凯和黄有光继承并发扬了亚当·斯密和杨格的分工思想，在《专业化与经济组织：一种新兴古典微观经济学框架》一书中提出分工是不同个人与不同组织之间的协调关系，有助于提升个人及组织间的依存度，加速经济组织的结构性变迁，并通过技术进步提高生产率[104]。之后，Becker 和 Murphy 将分工作为内生变量解释经济增长，明确提出分工虽然能够获得专业化经济效果，但不可否认，分工往往也受市场容量、成本以及社会知识水平等限制，在一定程度上会抑制分工深化，但总体上肯定了分工深化能加速报酬递增，同时也会增加经济协调成本的论点[105]。

伴随分工理论的演进，越来越多的学者将视角转移至产品内分工，并对产品内分工进行了深入研究。但总体而言，分工引起交换，交换需要市场，生产越发展，分工越细密，交换越频繁，市场规模将越大。社会分工的发展决定交换的深度、广度和方式，也决定市场的规模和内容，而交换的种类、数量以及市场的规模也会影响生产和分工的发展[96]，最终会引致产业结构升级，推动经济快速增长。

（四）产业结构理论

产业结构理论最早可以追溯至 17 世纪。1672 年，威廉·配第在《政治算术》一书中率先提出收入在农业、工业和商业之间依次增加的著名论断，并将各国国民收入差异和经济发展差异归因于产业结构不同[106]。之后，魁奈在《经济表》中提出了"纯产品"学说，并对社会阶级结构进行了划分[107]。这两位先行者的卓越发现成为后续产业结构理论研究者重要的思想来源。

产业结构理论得到深入发展大致是在20世纪三四十年代。1935年，赤松要将产业发展与国际市场紧密结合起来，提出了著名的"雁行形态理论"，认为后起的工业化国家可以通过包含最初研发新产品到最终形成国外生产能力在内的四个阶段①加速本国工业化进程，不难发现，后起国家的工业品将在总体上呈现"进口—国内生产—出口"的继起过渡特征[108]。1940年，Clark在《经济发展条件》一书中认为人均国民收入提高会带动劳动力从第一产业向第二、第三产业顺次转移，提出了著名的配第-克拉克定律[109]。1941年，库兹涅茨在其著作《国民收入及其构成》中通过大量历史资料得出，伴随经济的增长，产业结构和劳动力部门结构也将随之变化，具体而言，劳动收入占比和政府消费占比将上升，而财产收入占比和个人消费占比将下降[110]。1941年，里昂惕夫在《美国经济结构1919-1929》一书中对产业结构理论做了经典论述[111]。之后，里昂惕夫先后在《美国经济结构研究》和《投入产出经济学》中采用投入产出法分析了经济体系的结构与各部门在生产中的关系，为深入研究各国产业结构发展与演变提供了良好的分析方法[112-113]。1954年，Lewis提出经济由现代资本主义部门和传统农业部门组成，在这种二元经济结构中，必须扩大现代资本主义部门，缩小传统农业部门以实现经济发展[114]。1958年，赫希曼在《经济发展战略》一书中构建了不平衡增长模型，否定了发展中国家必须按照一个谨慎控制的平衡增长路线发展的观点，他所提出的"关联效应"和"最有效次序"已经成为研究产业结构和经济发展的重要分析工具[115]。

除此之外，罗斯托提出了著名的主导产业扩散效应理论，该理论包括回顾效应、旁侧效应和前向效应，此外，他所提出的经济成长"六阶段"理论②清晰地

---

① 第一阶段是从研究开发新产品到国内市场形成；第二阶段是从国内市场饱和到产品出口，开拓国际市场；第三阶段是从国外市场形成到输出技术设备，就地生产和销售；第四阶段是国外生产能力形成，产品以更低价格返销，迫使本国减少该产品的生产，并进一步促使新产品开发。

② 经济成长阶段包括传统社会阶段、"起飞"创造前提阶段、"起飞"阶段、向成熟挺进阶段、高额大众消费阶段以及"追求生活质量"阶段在内的六个主要发展阶段。

刻画了经济体的成长演变过程。罗斯托进一步认为，保持经济增长的核心源自主导部门的扩散效应，经济发展必须重视发挥主导产业扩散效应带来的积极影响[116]。钱纳里和鲁滨逊提出了工业化阶段理论，他们认为在经济发展过程中产业结构会发生变化，这种结构变化既包括经济发展初期、中期和后期的制造业发展三阶段，也包括初期产业、中期产业和后期产业的制造业三类型，它们将共同加速产业结构逐渐向高附加值、高产业链位置攀升[117]。费景汉与拉尼斯将刘易斯的二元经济结构演变分为三个阶段，随着农业的不断发展，农产品生产剩余增加，农业劳动力逐渐向工业部门转移，此时，工业发展对农业的反哺作用会协同加速农业与工业共同发展[118]。霍夫曼提出了"霍夫曼工业化经验法则"①，该法则重点对工业化过程中重工业化阶段的结构演变进行了详细阐述[119]。总之，漫长的产业结构理论演化过程加速了产业结构理论的发展，并为理论的持续完善及相关研究工作提供了理论铺垫和文献支撑。

（五）创新扩散理论

在经济参与主体之间、经济参与主体与科研机构的互动关系中，知识的生产、传播和更新扮演着日益重要的角色，而且为企业创造了动态竞争优势[120]。创新扩散源自知识溢出，"知识溢出"是知识的无意识传播，即如果"搭便车"的企业只是无偿使用了新知识，而且从中获得了盈余，但并未给知识开发者支付任何费用，这就产生了知识溢出。自新经济地理理论以来，知识溢出愈发成为研究经济增长与产业集群创新领域的核心变量，并发挥着日益重要的作用。马歇尔认为知识或技术外溢所带来的正外部性能引起产业集聚，最终形成规模效应，推动经济快速发展。在创新过程中，对知识产权的保护和管理存在较强的时间限制和较高的成本，创新者无法完全排斥他人使用新的研发成果，从而加剧了知识在产业之间的"多样化溢出"和产业内部的"专业化溢出"[121]，一家企业努力研发取得的成果能同时使本企业和整个社会获益，这种知识外溢很大程度上降低了企业研发积极性。

---

①　霍夫曼比例即消费品工业净产值与资本品工业净产值的比例，把工业化划分为四个阶段：一是消费品工业占主导地位，霍夫曼比例为（5±1）；二是资本品工业快于消费品工业的增长，消费品工业降到工业总产值的50%左右或以下，霍夫曼比例为（2.5±0.5）；三是资本品工业继续快速增长，并已经达到和消费品工业相平衡的状态，霍夫曼比例为（1±0.5）；四是资本品工业占主导地位，该阶段被认为实现了工业化，霍夫曼比例为1以下。

创新扩散是一个动态过程，该过程往往促使创新在一个社会系统中随时间的变化在不同的渠道间传播[19]，这说明创新是一个连续发生的事件，新思想、新知识、新理念的出现在时间维度上是一个连续的非离散过程。创新扩散过程一般存在创新、传播渠道、时间和社会系统四个关键元素。其中，创新是被社会系统的成员所认可的新的想法、目标或者实践；传播渠道是信息传递到社会系统或社会系统内部的传递方式，人际传播渠道指在两个或多个社会系统成员之间面对面的联系；时间关联于创新扩散率或者关联于社会系统中的成员采纳该创新的速度；社会系统包括共享相同"文化"的个人、组织或机构，他们是创新的潜在采纳者[122]。

在扩散过程中，若将体系内采用创新的成员数按照时间维度分布，他们将呈"S"形分布。在每个时间段的开始阶段，只有社会系统中的少数成员接受并采纳此创新，创新的采用率①往往较低。在随后的时间段里，当扩散过程开始更完整地展现时，每个阶段的采纳数将逐步上升，曲线开始爬升，在每个单位时间内，有越来越多的成员采用创新；之后，由于大多数人都已经采用了创新，扩散曲线的轨迹逐渐放缓且开始变得平滑；当曲线接近最高的渐近线，并最终到达极限的临界点时，扩散完成[122]。

虽然绝大多数创新采用的轨迹都呈现"S"形分布，但各创新之间的"S"形有所不同。有些创新扩散速度非常快，曲线斜率较大，显得非常陡峭；有些创新扩散速度较慢，曲线斜率较小，显得比较平缓。创新的扩散速度取决于一项创新被采用的程度。一般而言，当一项创新的相对优势越大，即创新被认为优于它所取代的想法程度越高时，它将扩散得越快；当一项创新的兼容性越大，即该创新和潜在用户的价值观、过往经验、需求的一致程度越符合时，创新的扩散速度越快；当创新的复杂程度越高，即创新被使用和被理解的难度越大时，创新的扩散速度越慢；当一项创新的可试性越强，即一项创新在某些程度上可以被试用的可能性越大时，创新被采用的程度会更高，扩散速度会更快；当一项创新的可见性越大，即一项创新越容易被观察到实施效果时，越容易被采用，扩散速度将越快[123]。

在社会经济发展过程中，新思想、新理论层出不穷，而它们都将成为正式或

---

① 采用率指某创新被体系内成员采用的速度。

者非正式的创新扩散过程。罗杰斯[123]甚至提出只要人们认为一个观点、方法或物体是新颖的，它就是一项创新，这就为创新扩散提供了更加宽大的范围。虽然对一项创新的界定存在主观性，但创新的形成必须有创新精神作为推动，并且可以根据创新精神的不同，将创新受众分为创新先驱者、早期采用者、早期大众、后期大众、落后者五大类。一般而言，创新先驱者具有冒险精神，早期采用者备受尊敬，早期大众多是经过深思熟虑后采用创新，后期大众谨慎多疑，落后者往往是比较传统保守的人，正是在这五类创新受众的推动下，才完成了一项创新的产生、传播和扩散（见图2-2）。

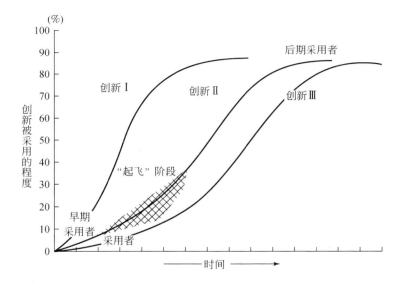

图2-2 创新的扩散过程

资料来源：[美] E. M. 罗杰斯. 创新的扩散 [M]. 唐兴通，郑常青，张延臣，译. 北京：电子工业出版社，2016.

第二节 文献综述

伴随全球经济发展历程，以创新驱动加速促进产业结构转型升级已成为世界各国推动国民经济持续发展的重要抓手，也是国内外学术界研究的一个热点，众多学者分别从不同角度对创新驱动与产业结构转型升级进行了深入研究，并取得了丰硕的研究成果。

一、国外相关研究

综观西方研究文献，在西方学术界用"创新"来解释经济发展的要首推熊彼特[124]，自熊彼特首先提出"创新"及其在经济发展中的作用以来，轰动了当时的西方经济学界，在我们今天看来仍具有新意。此后，西方学者纷纷从不同角度将创新视为经济发展的原动力加以研究。综合来看，大致体现在以下几个方面：

（一）创新对产业结构转型升级具有重要作用

创新内生带动产业结构转型升级，促进经济增长已经被大量文献所证实。Pietrobelli 和 Rabellotti[125]认为产业升级是在创新的带动下，加速创造更多附加值的过程，但是，只有在竞争环境下的高创新效率和快创新速度才能激发产业升级的潜力[126]。Kevin[127]以 40 多个工业部门为分析基础，实证得出技术创新改变了工业产出水平，高增长行业具有更高的利润和产出份额。Altenburg 等[128]研究发现，发展创新系统对增强高技术模仿、提高原始创新能力和提升产业竞争力均具有积极作用，并能加速产业结构合理化，而这也正是中国缘何成为世界上主要产品提供者的原因。Quataro[129]将商业周期和创造性破坏嫁接到增长阻滞理论中，发展了熊彼特的结构变迁方法，他根据知识经济转型，通过对 1981–2003 年 20 个意大利地区的增长路径进行经验分析，证明了早期工业化地区充分参与了知识经济的普遍化运动，但由于后工业化地区的制造业活动扩张迟滞，生产率增长和创新仅发生在制造业部门。Maurer[130]进一步确定了创新对产业结构升级的积极作用广泛存在于金融业、化工业等多种产业。企业模仿竞争对手的能力会产生溢出效应，并通过影响熊彼特竞争过程对行业创新绩效和产业结构演变产生根本性影响[131]。可见，创新的发展对产业结构变迁和转型升级具有重要作用。但是由于创新推动产业结构转型升级的过程是随时代发展而缓慢进行的，技术变革和产业动态发展二者之间存在动态互促关系，能加速变革经济系统结构。由此可见，创新对产业结构变迁的影响是一个长期缓慢的过程，这种渐进式缓慢变革将影响经济增长和结构变迁，进而引发宏观经济领域的变革。可以说，创新对企业的生存和成功发挥了重要作用，而学术界对创新和产业结构关系的理论和经验研究也取得了很大进展[132]，这为后续的研究工作提供了丰富的理论支持和经验借鉴。

（二）创新促进产业结构转型升级的作用渠道

创新和产业结构转型升级是两个不同的动态演变过程，二者具有丰富的内涵，这意味着创新对产业结构转型升级的影响存在复杂性。在现有文献中，创新对产业结构转型升级的影响存在多种作用渠道。Utterback 和 Abemathy[133]基于微观产品视角，分析了创新推动产业结构升级的具体路径，并提出了著名的产业升级模型。Nelson 和 Winter[134]较早地提出了技术创新和产业结构升级的动态演化 NW 模型，并多角度阐述了二者之间的动态演化机理。Reinganum[135]基于一系列创新发展了产业演化模型，认为每一项成功的创新都会开启一个新的阶段，在每个阶段，企业会为下一个创新而展开竞争。Jeon 等[136]基于生物技术和制药公司战略联盟，认为自 2000 年以来，技术创新已经改变了从研发到行业内创业的创新资源，而且在不同的发展阶段，生物制药公司通过获取新的知识提高技术水平，并以所获取的新知识和创新引导新产品上市。可见，技术创新对产业结构升级确实具有关键作用[137]，就具体的作用机理而言，Chandler[138]认为创新首先会引起部门生产率变化，并伴随生产要素从低生产率部门向高生产率部门转移，改变各产业的投入结构，引起资源在部门之间重新分配，而资源的重新配置将进一步改变产业的产出结构，最终导致产业结构发生改变。Święcki[139]基于 1970 - 2005 年 45 个不同国家的数据校准模型，研究发现部门偏向的技术变革是影响结构变迁的重要机制，不同偏向型的技术进步决定了产业结构的变迁。此外，Rostow[140]和 Metcalf[141]还认为由于技术具有极强的渗透性和替代性，新技术会导致一系列新兴产业诞生，大规模集结和组合新的生产要素将引起产业结构变动和传统产业的改造与更新，从整体上带动产业结构转型升级。

（三）外界因素对创新驱动产业结构转型升级过程的影响

在现实生产中，创新带动产业结构转型升级的过程中往往还受到其他相关因素的影响。一是资本因素。Kazuyuki 和 Xiao[142]通过调查 1996 - 2002 年 22000 个制造企业后发现，政府资金支持下的企业创新活动显著促进了产业产出，推动了产业结构升级。二是国家政策。Lahorgue 和 Cunha[143]认为政府通过创造优良的创新环境，营造先进的创新文化，制定有效的政策，搭建中小企业间技术交流平台，构建大企业技术分享机制，强化中小企业与高技术企业的互动学习机制等，能在很大程度上有效促进产业结构升级；Restuccia 和 Rogerson[144]研究发现形成个别厂商价格异质性的政策会导致产出规模和全要素生产率达到约 30% 的降幅。可以说，好的政策有助于增强区域创新能力，推动当地产业结构转型升级，而不适宜的政策将影响企业的要素资源配置，形成区域创新差异，进而阻碍产业结构转型升级，而且不同的国家发展战略亦将导致截然不同的结果。在国家政策制定和实施过程中，"自上而下"和"自下而上"是两种不同类型的企业家行为和产业组织形式，但是基于"自下而上"学习的发展战略往往会超越重新引入能源技术的"自上而下"发展战略的科学基础，进而会导致"自上而下"战略的失败，而且"自上而下"的失败曾在英国、丹麦、德国等地方出现过[145]。三是微观企业特质。Hopenhayn[146]研究发现企业异质性和企业间的资源分配在决定总体生产率方面发挥着关键作用，因不同企业天然存在的进入壁垒和资源错误配置等会严重影响生产率，从而违背分配与生产力提升理论所认为的技术创新要素能够显著推动产业结构升级的观点，最终阻碍产业结构转型升级。通过上述文献分析不难发现，创新促进产业结构转型升级是一个复杂的动态演变过程，该过程往往受制于多种因素的影响。对此，国内学者对其也展开了全面细致的研究。

二、国内相关研究

技术创新和产业结构优化升级是区域经济发展的重要因素[147]。作为企业生存和发展的希望，创新是政府保持和提高本国经济竞争力的有力手段，它对当代经济发展具有特别重要的意义[148-149]。中国正处于经济转型的关键节点，以创新驱动产业结构转型升级是经济转型成功的必由之路，而且已经被学术界证实。目前，国内对该问题的研究主要体现在以下几个方面：

（一）创新驱动产业结构转型升级的重要性

早在 2001 年，《关于国民经济和社会发展第十个五年计划纲要的报告》① 就提出"十五"期间要坚持结构调整主线，大力推进产业结构优化升级，特别是要用高新技术改造升级传统产业，实现以自主创新和引进技术加快对推动产业结构升级的相关技术开发，激发技术创新对产业结构转型升级的积极带动作用。就推动产业结构转型升级的目的而言，主要是为了改变中国在全球价值链中的低端

---

① 关于国民经济和社会发展第十个五年内计划纲要的报告 ［EB/OL］．（2001-03-05）．http://www. npc. gov. cn/wxzl/gongbao/2001-03/19/content_5134506. htm.

分工地位，增强中国在全球的竞争力。同时，要以拥有自主知识产权的技术创新为产业发展基点，打造产业持续竞争力和经济持续增长空间，实现产业向高层次、高技术价值链推进和升级[150]。唐清泉和李海威[151]基于广东省产业数据，研究发现研发创新是影响产业结构和促进产业转型升级的重要因素，也是工业经济增长的主要动力，大中型工业企业正处于效率驱动向创新驱动的转换阶段，宏观经济政策应该引导社会投资发展第三产业，以研发增强创新能力，推动产业协调均衡发展。此外，黄林秀和欧阳琳[152]还对20世纪以来美国的产业结构变迁进行了分析，研究认为经济可持续增长依赖于产业结构不断优化，创新驱动是产业结构调整的内驱力。

从创新与产业结构互动演化视角来看，王桂月等[153]通过构建创新驱动产业转型发展概念模型建立了创新驱动产业转型升级指标体系，并采用SVAR模型研究得出我国科技创新与产业转型升级之间存在格兰杰因果关系，创新投入、创新环境和创新产出对产业转型升级的影响虽存在上下波动，但总体而言具有正向效应，且从方差分解结果来看，科技创新对产业转型各目标的发展有较大的贡献率，综合表明科技创新能够有效推动产业转型升级。周忠民[154]以湖南省为例，得出科技创新和产业结构之间存在长期协整关系，科技创新是产业结构的格兰杰成因，科技创新对产业结构的影响具有时滞性，这就意味着以技术创新推动产业结构转型升级是一个长期过程，现实中应避免短期行为。

近年来，创新对产业结构转型升级的影响对区域经济发展具有重要作用。徐银良和王慧艳[155]研究得出了中国科技创新驱动产业升级绩效水平总体不高，各地区发展不平衡的结论。我国设立的自创区是显著促进产业结构合理的推动力，但是对产业结构高度化却存在明显的抑制作用，尤其是东部地区国家自创区对产业结构高度化的抑制作用尤其明显[156]。如果将空间因素纳入技术创新影响产业结构优化升级的过程，那么，技术创新不仅促进本地区产业结构优化，还有助于邻近地区合理化发展，但对邻近地区的产业结构高级化的抑制作用和促进作用并存。在省域之间，技术创新和产业结构之间具有显著的空间相关性，产业结构高级化存在正向溢出效应，而产业结构合理化存在负向溢出效应[157]。进一步地，李翔等[158]将创新分为研发创新和产品创新两个阶段，研究发现，创新两阶段对产业结构优化均具有积极的促进作用，其中，研发创新对产业结构合理化的促进作用非常显著，而产品创新则侧重于促进产业结构高级化。此外，陶长琪和周璇[147]还认为使用技术、资本、劳动和创新要素集聚替代技术创新指标体系探究技术创新与产业结构优化升级间非线性关联具有可行性。省域物质资本和劳动力要素集聚下的技术创新对产业结构优化升级的边际作用递减并最终收敛，省域人力资本、技术和创新要素集聚下的技术创新对产业结构优化升级的作用效应呈递增的发散特征；物质资本要素集聚、技术要素集聚和创新要素集聚效应下的技术创新对省域产业结构优化升级具有积极影响，而相邻省市的人力资本要素集聚和劳动力要素集聚度的变化对本省市的产业结构优化升级却产生了消极溢出作用。总之，较多文献已经证实技术创新对产业结构优化产生了积极作用[159]，而且创新驱动有利于推动产业结构高度化与合理化水平，增强产业竞争力[6]。毋庸置疑，创新驱动是促进中国产业结构转型升级的主要驱动力，该过程具有极其重要的现实意义。

（二）创新驱动产业结构转型升级的具体路径

在国内，学者对创新推动产业结构转型升级的具体作用路径也进行了深入研究。但由于技术创新的直接主体是企业，而产业结构变化是一种统计的宏观现象，致使技术创新如何推动产业结构变化在机制上并不清楚[160]，就技术创新、模仿创新和技术引进三种不同的创新类型而言，学术界对其影响产业结构转型升级的路径和方式仍未得出一致结论[161]，学者对创新驱动产业结构转型升级的具体作用路径存在多元化认知。辜胜阻和刘传江[41]指出技术创新同时决定了单个产业部门的发展趋势和不同产业的有序更替，以及产业结构变迁的方向。陶长琪和齐亚伟[26]认为通过技术创新、技术变革等技术进步直接实现对原有产业部门的改造和新兴产业部门的建立是导致产业结构变化的主要原因。技术扩散过程因创新而变，创新的产生是对旧市场均衡的打破和新市场均衡的建立。颠覆性创新或突破性创新能加速提升生产率，诱导新兴产业出现，对主导产业更迭具有重要影响，而这也正是产业结构变迁的显著标志和基本特征。林春艳和孔凡超[162]结合我国1997–2013年省级面板数据建立静态和动态空间杜宾模型研究发现，相比于静态模型，动态空间杜宾模型中的长期效应（绝对值）更大，技术创新和技术引进能显著促进本地产业结构合理化，这种影响同时取决于技术本身以及产业结构发展情况，而模仿创新对产业结构高级化有显著的正向溢出效应。吴翔天[163]以长江经济带本土工业产业价值链为对象研究了创新和产业结构变动对本土产业转型升级的作用和空间影响，得出本土内生创新要素与消化吸收再创新对本土创新能力存在显著促进作用，对产业结构方向与速度的影响具有不同方向的作用，并且在社会经济距离权重下存在较为显著的外溢性。薛继亮[164]基于技术选择系数，实证分析发现，中国产业转型升级得益于产业发展技术不断进步带来的资本深化和产值增加，而越来越准确的技术选择说明产业转型升级的极大发展取决于技术选择的合宜性，但就具体的技术路径而言，仍需在自主创新和技术引进之间进行深入探讨。屠年松和李彦[165]基于省际面板数据分析得出，创新产出能显著推动产业间转型升级，而且这种正向影响具有动态持续性，但创新产出及其他因素对产业内升级的影响存在地域差异。在不同地域间，技术创新强度具有显著为正的空间产业结构高级化效应和产业结构合理化效应，而经济集聚甚至可以将创新促进产业结构高级化的空间效应强度放大4倍[166]。在此过程中，产业集聚通过技术溢出、规模经济和劳动生产率三大效应共同促进区域创新，而区域创新也将通过产业结构优化、增长极以及知识溢出三大效应加速产业集聚[167]。钟章奇和王铮[168]将微观企业创新扩散与中观产业结构优化联系起来，研究发现，在中国，过程创新更有利于产业结构合理化，扩大过程创新规模有利于推动中国、日本、印度和欧盟等国家和地区的产业结构由相对较低的第一产业向相对高效的第二、第三产业演化，推动产业结构转型升级。赵玉林和谷军健[169]认为技术创新与制度创新通过"制度–技术"和"技术–制度"两条路径影响产业生产率，并对产业升级产生协同效应。具体而言，在与技术创新的协同效应中，市场发育、产权制度创新与政府干预降低所产生的协同效应依次递减。袁航等[170]进一步研究发现创新在推动产业结构过程中存在数量和质量效应，目前，创新数量对产业结构转型升级的促进作用较为显著，创新质量因水平较低尚未达到门槛值而使得该促进作用不显著，创新数量与创新质量协调发展效应不强制约了创新推动产业结构转型升级的步伐，导致目前中国的产业结构转型升级遭遇瓶颈。

　　经济新常态下，随着中国创新驱动发展战略的深入贯彻与全面实施，张银银和邓玲[171]提出前端创新驱动、中端创新驱动和后端创新驱动三者共同作用于科技创新路线各环节，并基于知识积累、学习等创造性生产活动加速技术结构变革，实现传统业务的新兴化转型。多个转型中传统企业形成联系紧密的创新联盟以及在空间上的不断集聚，逐渐形成创新生态系统，促进了战略性新兴产业集群发展。与此同时，传统产业的转型升级也是加速产业结构转型升级的重要方面，其实现需要延伸产业链，并加速发展循环经济，在此过程中，创新是带动产业链延伸和循环经济的推动器，可以说，拥有独立知识产权和持续发展能力的创新是推动产业结构转型升级的关键[172]。创新驱动传统产业转型升级可以通过产业转移、产业集群和产业融合等多元化路径完成。通过对上述文献的分析，创新对产业结构转型升级的多重影响路径体现了二者之间关系的复杂性，从而也意味着未来以创新驱动推动中国产业结构转型升级将更具挑战性、更具有研究价值。

（三）外界因素对创新驱动产业结构转型升级过程的影响

创新推动中国产业结构转型升级的过程还受到其他外界因素的影响。首先是制度因素。周叔莲和王伟光[173]认为技术创新和体制创新是产业结构优化升级的重要动力，建立产业结构优化升级的保障机制是体制创新的重要内容。温铁军等[174]指出政府行为对于制度变迁和制度创新具有不可替代的影响，大多数发展中经济体无法同发达经济体一样向外转嫁制度成本，不具备成功转变经济结构的条件，容易陷入发展陷阱，形成难以突破的"路径依赖"。苏州工业园区的发展实践进一步证明，地方政府因地制宜的本土制度创新，通过区域经济结构内生性升级，实现产业价值链向"微笑曲线"两端攀升。但是包括金融服务、公共服务以及技术服务平台创新等为一体的综合性制度创新很大程度上与地方竞争能力和发展自主权有关，难以自发形成。张然[6]提出要坚持制度创新导向，构建创新驱动产业结构转型升级长效机制，完善区域创新体系，增强区域创新能力，促进科技创新与产业创新衔接互动。但就创新政策显著促进产业结构合理化与高级化而言，该促进作用还依赖于市场化程度和地方政府能力[175]。袁航和朱承亮[176]认为制度质量是影响创新数量和创新质量的产业结构转型升级效应的关键因素，当下，尽管创新数量能显著促进产业结构转型升级，但创新质量因水平较低，对产业结构转型升级仍未表现出显著的积极影响。创新数量与制度质量协同发展未促进产业结构转型升级，创新质量与制度质量协同发展能显著推动产业结构转型升级。门槛效应结果显示，创新数量对产业结构高度化存在单一制度质量门槛4.9200，伴随制度质量跨越门槛值，创新数量对产业结构高度化的影响由负变正，创新数量对产业结构合理化不存在制度质量门槛；创新质量对产业结构高度化存在双重制度质量门槛5.4486和6.7066，对产业结构合理化存在单一制度质量门槛7.5419，伴随制度质量跨越门槛值，创新质量对产业结构高度化与产业结构合理化的影响均由负变正。由此可见，创新质量对产业结构转型升级的制度质量门槛高于创新数量，对产业结构合理化的制度质量门槛亦高于产业结构高度化。周璇和陶长琪[177]进一步认为，创新要素集聚对产业结构高端化的空间效应受到制度质量的影响，且同制度质量的优劣程度成正比，而技术溢出对产业结构高端化的空间效应与制度质量的优劣程度成反比。伴随创新要素集聚层级的提升，制度质量对创新要素集聚驱动产业结构高端化的作用呈下降趋势，只有当区域的制度质量和创新要素集聚层级相契合时，采取对应的技术创新形式才能促进产业结构高端化。

其次是资本因素。丁一兵等[178]利用中等收入国家行业层次面板数据，通过引入融资约束与技术创新的交互项考察融资约束放松对产业结构优化升级的影响，结果发现技术创新对产业结构的促进往往得益于融资约束放松，具体而言，金融部门规模扩张与效率提高以及特定领域金融改革所带来的融资约束放松都具有显著的积极作用。从长期来看，放松企业外部融资约束，对顺利实现产业结构升级、成功跨越"中等收入陷阱"具有重要意义。Cai等[179]基于中国转型经济这一基本假定，以中国东南部和东北部地区248个新的风险投资公司为样本，研究得出创业支持政策将会加强响应市场导向和激进式创新之间的关系。

再次是信息技术。潘宏亮[180]基于创新驱动保证产业转型升级的系统性、领先性和高效性，提出创新驱动产业结构转型升级应该通过基于"互联网+"的产业创新能力重构、精益管理的产业创新软实力培育、产业融合创新的产业转型升级路径，提出了破除体制机制障碍、加强协同创新驱动软环境和完善区域创新体系等一系列相关对策建议。

最后是开放程度。面对开放程度不断加剧的全球化大趋势，中国产业技术发展与产业升级可以紧抓历史新机遇，顺势而为，以全球知识、跨国投资和先进技术为武装，在消化吸收再创新的基础上不断打造中国特色，推动产业结构调整[181]。然而，面对日益激烈的国际竞争，各跨国公司纷纷采取技术控制战略保持自身竞争优势，这在很大程度上削弱了我国自主创新能力，不利于支持产业结构升级[182]。张卫华等[183]指出技术创新是改造创新工业、发展新兴产业、促进价值链升级的主要手段。做好技术的原始创新和开放式创新将对工业长期发展起决定性作用。原始创新是塑造中国产业核心竞争力的关键，充分利用多种形式进行开放式创新将是提高中国产业整体技术实力的主要途径。

（四）科技创新政策对产业结构的影响

科技政策对构建国家创新体系和带动地区经济发展具有关键作用，出台科技政策的本意旨在带动区域科技及生产力发展[184]。实施科技政策对后发国家追赶领先国家至关重要。在产业追赶初期，实施科技政策旨在促进技术引进，为本土企业创造学习国外先进技术的机会；在产业追赶中期，科技政策的重点应逐步转向促进企业自主创新，避免依赖国外技术；在产业追赶后期，走向国家创新前沿的本土企业面临技术和市场的双重不确定性，科技政策的重点应转向引导技术方向和创造市场需求之上[185]。同时，实施不同目标的科技政策对产业发展具有不同影响。

一是研发补贴政策。研发补贴通过增强企业创新能力对中国产业结构高度化与合理化均具有明显促进作用[186]，研发补贴与环境规制政策的耦合也能促进产业结构升级[187]。但由于政府补贴的结构变动效应具有短期性，政府补贴的结构变动效应与行业资本密集度、外部融资依赖度和国有化程度显著正相关[188]，致使政府研发补贴对同一产业内不同行业的影响也存在较大差异[189]。但总体而言，研发补贴不仅能加快产业结构变迁，还能提高经济增长率[190]，有助于带动经济高质量转型增长。

二是税收优惠政策。政府制定税收优惠政策的目的是扶持处于相对落后的产业以平衡产业结构[191]。税收优惠不仅能加快产业结构变迁，还可以提高经济增长率，且具有比政府研发补贴更明显的效果，而如果同时采取两种政策，则可以大大缩短产业结构变迁时间[190]。

三是科技金融政策。科技金融政策能显著促进试点城市产业结构转型升级，这是由于技术创新和金融发展发挥了重要的中介作用[192]。冯永琦和邱晶晶[193]采用类似方法研究得出科技和金融结合试点政策对试点地区产业结构高度化效率和产业结构合理化具有显著改善作用，但对产业结构高度化质量（产业劳动生产率加权求和）并未表现出明显的作用效果，而且加大财政科技投入和提高地方金融发展水平是科技和金融结合试点政策推动产业结构优化升级的有效实现路径。

四是创新试点政策。为了有效增强区域创新能力，带动地区经济发展，我国通过设立相关创新试点为地区打造先行示范的创新高地，比如国家高新区技术产业开发区、创新型城市等，该举措对区域产业发展产生了深远影响。周茂等[194]究发现设立开发区能有效推动地区制造业升级，这种促进作用得益于开发区政策引导生产要素在同一地区制造业内部不同产业之间的优化再配置，主要表现为高低技术产业新建消亡式的调整。同时，开发区对地区制造业升级的显著带动作用还能通过产业集聚、资本深化和出口学习三个渠道作用实现。王鹏等[195]则提出高新区对产业结构优化升级的作用受城市发展水平的影响，其中，城市金融发展和财政支出水平提高会促进高新区对产业结构高级化的影响，外商直接投资和第二产业发展水平的提高会促进高新区对产业结构合理化的影响。霍春辉等[196]认为我国创新型城市建设政策通过强化试点城市内企业的创新能力，提升劳动力集聚程度、促进地方政府更好地发挥战略引领作用以及提高金融发展水平等机制显著带动了我国试点城市产业结构升级。胡兆廉等[197]通过研究也得出了相似的结论，并且认为创新型城市建设能促进产业结构高级化与产业人口转移，而且这种政策效果会通过累积效应逐渐增强。其中，城市创新要素与创新环境产生的创新效应是推动产业结构转型升级的根本原因。

三、简要评述

对于创新推动产业结构转型升级这一经典命题，现有文献对此已有全面研究，随着学者对这一命题的认知加深，创新对产业结构转型升级的研究也逐步深入。总体而言，包括三个方面：一是创新对产业结构转型升级的重要性获得众多学者的一致认可，创新对产业结构转型升级具有积极的促进作用成为学术界共识；二是创新推动产业结构转型升级是一个长期动态过程，内部机制较为复杂，不同学者具有不同的见解；三是创新驱动产业结构转型升级受到宏观经济中其他因素的影响，就目前研究文献来看，这些因素包括资本因素、政策因素、微观企业特质、制度因素、信息技术以及开放程度等。

尽管众多学者已经就创新推动产业结构转型升级这一经典命题进行了大量研究，并取得了丰硕的成果，但还存在以下问题有待深入研究：

首先，对变量的概念界定不明确，指标选择有失规范性。明确的概念界定和准确的指标选择是保证研究结果可信的前提条件。在已有文献中，对于创新和产业结构转型升级的研究已经泛化，不同学者对其有不同的概念界定和测算指标。比如，对于创新的测度，替代指标大致包括：专利申请受理数、专利申请授权数、新产品销售收入、发明专利申请数、发明专利授权数、有效发明专利申请数、有效发明专利授权数、通过构建指标体系测算的综合指标等，而对产业结构转型升级的测度也是见仁见智。虽然在一定程度上专利能代表一个国家的创新能力，但是多种创新指标的混用将给研究结果的可信度带来质疑，仍需进一步明确和规范相关指标的概念和测度。

其次，就创新驱动对产业结构转型升级的作用机制而言，具有较强的复杂性。根据上述文献分析，现存文献虽然对创新推动产业结构转型升级的作用路径进行了分析，但不同学者均是从不同的视角切入，对其进行简略的叙述。具体的作用机制因其复杂性，未能有比较清晰和全面的阐述。

最后，在实证方面，一是已有文献较多依赖于上述多元化的测度指标对二者的关系进行研究，而且影响结果多是基于期望条件下的平均值，较少采用面板分位数回归研究创新对不同产业结构转型升级水平的不同影响；二是虽然有少量文献考虑到创新对产业结构转型升级的空间溢出效应，但是仅以是否空间相邻作为依据设置空间矩阵未免过于单调，因为创新虽然在传播的过程中受地理地缘的影响，但同时也受到地区经济发展水平和制度因素的影响，而将不同地区之间的经济距离和制度距离纳入此研究的文献尚且较少；三是创新是未来中国实现经济高质量发展和产业结构向价值链中高端攀升的关键动能，对此，政府已出台相关创新驱动政策加速推动中国产业结构转型升级，但是，已有文献并未将创新驱动政策纳入研究体系，深入系统地研究创新驱动政策对产业结构转型升级实际影响的文献较为缺乏。

在全面梳理已有文献的基础上，以上三点均是现有文献较为薄弱的地方，对其进行深入探讨不仅能明确创新驱动与产业结构转型升级的概念内涵，也能完善创新驱动影响产业结构转型升级的作用机制，同时亦是对现有文献资料的有益补充。

第三章 中国产业结构转型升级的
历史沿革及现状分析

　　产业结构转型升级是基于地区资源要素禀赋特点，与产业发展内外部环境相协调的产业结构内部资源配置持续优化、产业效率持续提升的动态调整过程，是经济发展到一定阶段的必然要求。在中国，产业结构的演化和转型升级古已有之。历经先秦诸子、春秋战国……直至中华人民共和国成立前夕，中国的产业结构一直在"农本工商末"的历史中循环，究其发展，始终缓慢。自 1949 年以来，70 余年的迅速发展已经让中国从农业大国发展为工业化国家，未来将以创新驱动为核心动力，带动中国向工业化强国迈进。回顾中国产业结构艰难而曲折的发展历程，其演化呈现一定的阶段性特征。

第一节 中国产业结构转型升级的历史沿革

一、物质要素驱动下的重工业优先发展阶段（1949-1977 年）

　　中华人民共和国成立后，为了尽快改变旧中国积贫积弱的落后面貌，缩小同世界发达国家之间的差距，我国提出要在较短时间内实现工业化，尽快建立基本完整的工业化体系。1953 年，中国开始实施"五年计划"，大规模的工业建设在国内全面启动，为中国的工业化发展奠定了基础。当时，面对第二次世界大战之后的复杂国际形势，中国身处社会主义阵营，而资本主义阵营在政治和经济上对中国的孤立以及军事上的封锁，使中国无法借助资本主义阵营的投资与技术指导来支持中国经济建设和产业发展，仅能接受苏联与一些东欧国家在资金和技术方面的支持，助力中国优先发展重工业。虽然当时中国产业发展并未以要素资源禀赋为基础，但国家迫切需要加快改变工业薄弱基础以及强化国防力量的境遇要求我国必须不遗余力地推动工业化发展。据统计资料显示，在第一个五年计划实施初期，中国第一产业、第二产业和第三产业在 GDP 中的占比分别为 45.9%、23.3% 和 30.9%[①]，第一产业独大的现象极为明显，这是中国在古代"农本"思想延续下的产业结构现状的客观反映，而第二产业占比最低，这也正是中国举全国之力发展工业，试图加速工业化建设的出发点。

1958 年，中国开始进入"第二个五年计划"（1958-1962 年），此时，中国的产业结构调整逐渐由工业化发展演变为重工业化先行的发展理念，钢铁工业的发展成为产业结构调整的重心。这种斥巨资投入大量基础要素片面追求钢铁工业产量的工业化发展思想阻碍了中国产业结构的合理演化，致使产业结构失衡。截至 1960 年，中国三大产业占 GDP 的比重分别为 23.2%、44.4% 和 32.4%[②]，第二产业的占比在短时间内激增，第一产业和第三产业的发展严重滞后，彻底打破了三次产业之间平稳协调的演化进程。

中国的三大产业不仅在数量比例上严重失调，而且工业内部也出现了"畸重畸轻"的结构失衡问题，在工业总产值中，重工业与轻工业的占比已经由 1949 年的 26.43% 和 73.57% 变为 1960 年的 66.67% 和 33.33%[③]，"重重轻轻"（即重工业过重，轻工业过轻）现象尤为凸显。

之后，1963-1965 年国民经济经过短暂的调整，逐渐步入发展的正常轨道，但 1966-1976 年中国的产业结构调整和经济发展身陷囹圄，加重了农、工、商业之间的比例失衡，致使三次产业结构中工业比重偏高，农业和商业发展严重滞后[198]。由此可见，中华人民共和国成立初期以物质要素投入为主的粗放型产业结构调整给未来中国产业结构协调发展以及产业结构转型升级带来了严峻挑战，但不可否认，此时的重工业优先发展是特定历史条件下推动中国产业发展的必然选择。

二、物质要素驱动下的产业结构协调发展阶段（1978-2012 年）

1978 年，党的十一届三中全会正式拉开了改革开放的发展序幕，中国由此

---

①② 笔者根据《中国统计年鉴1998》整理计算得出。
③ 笔者根据《中国统计年鉴1983》整理计算得出。

进入全面开放的历史新阶段。境外资源的大量流入，进一步强化了劳动力、资本等"实物型"要素对中国产业结构转型升级的推动，这不仅成为中国经济发展的转折点，也成为中国产业结构转型升级的新起点。在这段时期内，产业结构的发展与升级开始逐渐由片面过度追求工业化发展，尤其是重工业化发展的单一发展目标转向经济全方位、多产业协调发展，重视产业之间的协同演化与转型升级，推动中国经济平稳健康发展。"五五计划"（1976-1980 年）中已经提到，中国产业发展不仅要把农业搞上去，还要把燃料、动力、原材料工业搞上去，到1980 年基本实现农业机械化①，以此促进产业之间的协调、平衡发展，防止人为追求片面，顾此失彼，破坏产业结构转型升级的自然演化秩序。

　　1992 年，中国经济体制开始由高度集中的计划经济转向社会主义市场经济，市场开始发挥在经济建设中的重要作用，并逐渐成为经济发展过程中配置资源的基础性力量。中国经济由此进入发展的快车道，并连续多年保持两位数的飞速增长，成功书写了"中国奇迹"这一壮丽篇章。在市场经济体制运行下，三大产业在平稳增减的过程中缓慢推动中国产业结构转型升级。进入"九五计划"（1996-2000 年）后，在中国经济加速发展的同时，国际经济也出现了日新月异的变化，发达经济体的经济结构调整加快，新兴产业大量涌现，科学技术突飞猛进，以信息技术为代表的高科技技术开始广泛应用，为我国产业结构转型升级带来了崭新的历史机遇。此时，伴随国内市场经济的发展，中国的市场结构已经由卖方市场转为买方市场，这需要企业扩大产品的市场份额和增强产品的市场竞争力，一方面需要拓展海外市场，增加中国产品在西方国家的市场份额，另一方面要致力于提升产品内在的附加价值，提高产品科技含量。2001 年，中国成功加入世界贸易组织（WTO），深入推进了中国市场经济体制建设和改革开放的历史进程，加速了资源在全球范围内的合理配置和高效使用，这对优化中国经济结构和促进产业结构转型升级具有积极作用。2000-2006 年，中国相继发布了西部大开发战略、振兴东北老工业基地和中部崛起计划，大力推进了"区域非协调均衡发展"[199-200]。与此同时，中国于 2006 年取消了农业税，彻底破除了自封建社会两千余年以来对农业发展的束缚，中国农民卸下了缴税的重担，大大促进了三大

①　共和国回响（五）：五五计划——新跃进大转折［EB/OL］．（2016-03-01）. http://cppcc. china. com. cn/2016-03/01/content_37909643. htm.

产业协调发展。此时，第一产业、第二产业和第三产业在 GDP 中的占比分别为 10.6%、47.6% 和 41.8%[①]，农业占比在国民经济发展过程中的比例仅为 10% 左右，虽然在产业结构中已不是主导产业，但作为推动经济发展的产业基础作用依然存在，农业税收的减免使原本发展缓慢的农业彻底松绑，有利于激发农业发展的新活力。

随着全球化进程加剧，对外开放的历史格局也在持续优化，中国不仅实现了"走出去"的愿望，而且国外先进的科学技术也不断被"引进来"，通过消化吸收再创新，使之成为推动中国经济改革和产业结构转型升级的核心力量。"十一五"规划（2006-2010 年）也明确提出"形成一批拥有自主知识产权和知名品牌、国际竞争力较强的优势企业"[②]，以创新作为推动中国产业结构转型升级关键动能的思想已经开始形成。在以劳动力和资本等有形要素投入为主的情况下，中国的产业结构不仅实现了从农业主导向工业主导迈进，而且第三产业持续赶超第二产业，并于 2012 年已经与第二产业产值占比持平，均占 GDP 的 45.3%，产业结构"服务化"特征已经初步显现。

三、创新驱动下的产业结构转型升级阶段（2013 年之后）

在中国产业结构变迁过程中，第三产业产值占 GDP 的比重已于 2013 年首次超过第二产业，实现了从传统的"一二三"向"三二一"的成功转型。但与此同时，中国经济增长速度出现了自改革开放以来两位数高速增长之后的断崖式下降，并一度跌破 8%，进入经济新常态。这里的"新常态"既包括经济增速的新常态，也包括发展模式的新常态，前者是指中国经济增长速度下降到 7% 左右，后者是指中国经济目前面临的结构调整[201]。根据经济增长潜力的一般规律，潜在经济增长率与人均 GDP 呈负相关，意即资源约束条件下的边际报酬递减规律使得穷国的潜在增长率高于富国。在中国，经济新常态的到来，也验证了有形资源要素在经济发展过程中的边际递减效应，"人口红利"和改革开放"制度红利"的逐渐消退给中国的劳动密集型产业、资本密集型产业等以物质要素粗放投

---

① 笔者根据《中国统计年鉴 2018》整理计算得出。
② 中国国民经济和社会发展"十一五"规划纲要（全文）[EB/OL]．（2006-03-16）．http://www.chinanews.com/news/2006/2006-03-16/8/704065.shtml.

入为基础的产业升级带来了严峻挑战。根据表3-1所示，中国15-64岁劳动力人口占比在2010年达到最大，占比为74.5%，之后逐年下降；而65岁以上人口的比重却逐年攀升，并于2014年首次突破10%，呈持续上升趋势，这意味着中国老龄化问题愈加严重，依靠传统的大量投入劳动力来带动经济持续增长的模式已经失去客观基础。

表3-1　1982-2017年中国人口结构变化情况　　　　单位:%

年份	15-64岁劳动力人口占比	65岁及以上人口占比
1982	61.5	4.9
1987	65.9	5.4
1990	66.7	5.6
1991	66.3	6.0
1992	66.2	6.2
1993	66.7	6.2
1994	66.6	6.4
1995	67.2	6.2
1996	67.2	6.4
1997	67.5	6.5
1998	67.6	6.7
1999	67.7	6.9
2000	70.1	7.0
2001	70.4	7.1
2002	70.3	7.3
2003	70.4	7.5
2004	70.9	7.6
2005	72.0	7.7
2006	72.3	7.9
2007	72.5	8.1
2008	72.7	8.3
2009	73.0	8.5
2010	74.5	8.9
2011	74.4	9.1
2012	74.1	9.4

续表

年份	15-64 岁劳动力人口占比	65 岁及以上人口占比
2013	73.9	9.7
2014	73.4	10.1
2015	73.0	10.5
2016	72.5	10.8
2017	71.8	11.4
2018	71.2	11.9
2019	70.6	12.6
2020	68.6	13.5

资料来源：笔者根据《中国统计年鉴2021》整理计算得出。

此外，对资本要素投入而言，虽然全社会固定资产投资总量的绝对值仍逐年增加，但其增长速度却逐年递减，并从 2011 年的 23.8% 一路降至 2016 年的 7.9%（见表3-2），以资本投入拉动经济增长的粗放型发展模式正逐渐退出历史舞台。同时，从产业结构来看，三大产业中的社会固定资本投入额虽然在绝对值上逐年递增，但其增长速度均在下降，这意味着我国三大产业的发展对资本投入的依赖度正逐年减小，试图以高资本投入带动产业结构转型升级，进而促进经济实现高质量发展的粗放模式将很快被取代。

表3-2　2011-2017 年全社会固定资产投资变化情况

年份	总量		第一产业		第二产业		第三产业	
	绝对量（亿元）	增速（%）	绝对量（亿元）	增速（%）	绝对量（亿元）	增速（%）	绝对量（亿元）	增速（%）
2011	311485.13	23.8	8757.82	28.7	132476.72	27.1	170250.58	21.1
2012	374694.74	20.3	10996.44	25.6	158262.50	19.5	205435.80	20.7
2013	444618.11	18.7	11027.44	0.28	184073.50	16.3	249517.18	21.7
2014	512020.65	15.2	13802.76	25.2	207684.22	12.8	290533.67	16.4
2015	561999.83	9.8	17542.14	27.1	224258.60	8.0	320199.09	10.2
2016	606465.66	7.9	20917.55	19.2	232001.87	3.5	353546.24	10.4
2017	631683.96	4.2	20892.35	-0.12	235751.40	1.6	375040.22	6.1

资料来源：笔者根据 2012-2018 年《中国固定资产投资统计年鉴》整理计算得出。

　　随着我国经济发展进入新常态，中国劳动力市场供给日趋减少和资本投入增速日趋降低，"传统发展动力不断减弱，粗放型增长方式难以为继。必须依靠创新驱动打造发展新引擎，培育新的经济增长点，持续提升我国经济发展的质量和效益，开辟我国经济发展的新空间，实现经济保持中高速增长和产业迈向中高端水平'双目标'"。① "十二五"规划指出，要紧扣科技进步发展步伐，发挥中国产业的比较优势，构建现代产业体系。对于制造业发展，需要不断"优化结构、改善品种质量、增强产业配套能力、淘汰落后产能，发展先进装备制造业，调整优化原材料工业，改造提升消费品工业，促进制造业由大变强"。② 先进技术已经开始成为未来产业结构的强大助推器，创新将成为助力中国产业结构转型升级的关键动能。"十三五"规划中更是明确提出"创新是引领发展第一动力……把发展的基点放在创新上……发挥科技创新在全面创新中的引领作用，加强基础研究，强化原始创新、集成创新和引进消化吸收再创新，着力增强自主创新能力，推进农业现代化建设和农业结构调整，全面提升工业基础能力，促进制造业朝高端、智能、绿色、服务方向发展，培育壮大新兴产业，改造提升传统产业，支持战略新兴产业发展等"。③ 在创新驱动战略的推动下，中国三大产业平稳发展，第三产业的产值占 GDP 的比重一直处于较高水平，并于 2015 年首次突破 50%，截至 2017 年，中国三大产业占 GDP 的比重分别为 7.92%、40.46% 和 51.63%④，中国产业结构"服务化"的趋势持续增强。与此同时，产业发展过程中的科技含量也在不断增加，中国高技术产业在生产经营和科技活动两个方面均呈现强劲的增长势头。在生产经营方面，高技术产业的主营业务收入从 1995 年的 3917.1 亿元迅猛增长到 2016 年的 153796.3 亿元，年均增长 19.10%，利润总额年均增长 21.32%；在科技活动方面，高技术产业的专利申请数从 1995 年的 612 件增长到 2016 年的 131680 件，年均增长 29.15%，有效发明专利从 1995 年的 410 件迅速增长至 2016 年的 257234 件，年均增长 35.90%，增长速度较快，这说明中国的

---

　　① 中共中央　国务院印发《国家创新驱动发展战略纲要》[EB/OL]. (2016-05-19). www.gov.cn/zhengce/2016-05/19/content_5074812.htm.

　　② 国民经济和社会发展第十二个五年规划纲要（全文）[EB/OL]. (2011-03-16). http://www.gov.cn/2011lh/content_1825838_4.htm.

　　③ 中华人民共和国国民经济和社会发展第十三个五年规划纲要 [EB/OL]. (2016-03-16). http://www.npc.gov.cn/wxzl/gongbao/2016-07/08/content_1993756.htm.

　　④ 笔者根据《中国统计年鉴 2018》整理计算得出。

产业创新取得了较好的结果，以创新驱动助力中国产业结构转型升级具有良好的发展前景（见表3-3）。

表3-3　中国高技术产业发展基本情况

年份 指标	1995	2000	2005	2010	2015	2016
生产经营情况						
企业数（个）	18834	9758	17527	28189	29631	30798
主营业务收入（亿元）	3917.1	10033.7	33921.8	74482.8	139968.6	153796.3
利润总额（亿元）	178.0	673.5	1423.2	4879.7	8986.3	10301.8
科技活动及相关情况						
研发机构数（个）	2138	1379	1619	3184	5572	6456
R&D人员全时当量（万人年）	5.8	9.2	17.3	39.9	59.0	58.0
R&D经费内部支出（亿元）	17.8	111.0	362.5	967.8	2219.7	2437.6
新产品开发经费（亿元）	32.3	117.8	415.7	1006.9	2574.6	3000.4
专利申请数（件）	612	2245	16823	59683	114562	131680
有效发明专利数（件）	410	1443	6658	50166	199728	257234

资料来源：笔者根据《中国科技统计年鉴2017》整理计算得出。

第二节　创新驱动背景下中国产业结构转型升级发展现状

一、创新驱动背景下中国产业结构转型升级取得的成就

在以技术创新带动中国产业结构转型升级的过程中，中国依靠"引进—消化—吸收"的创新模式显著提升了中国自主研发能力和生产率[202]。如今，创新驱动已经成为提高社会生产力和综合国力的战略支撑，是推动产业结构转型升级和经济高质量发展的关键动能，其在推动中国产业结构转型升级的过程中也取得了初步成就。

（一）专利数量持续增加，科研能力稳步增强

随着中国创新发展步伐稳步加快，中国科学研究活动已经在较多领域进入世

界先进行列，并取得了丰硕的成果。在一定程度上代表创新能力的专利数量实现了快速增长，根据相关统计资料，中国专利申请受理数和授权数分别从 1991 年的 45686 件和 21395 件增长到 2016 年的 3305225 件和 1628881 件，年均增长率分别为 33.03% 和 33.49%，两者均以较快的速度增长，加速推动了中国专利数量快速攀升，使中国成为名副其实的"专利大国"，创新能力也较以往有了明显提升（见图 3-1）。

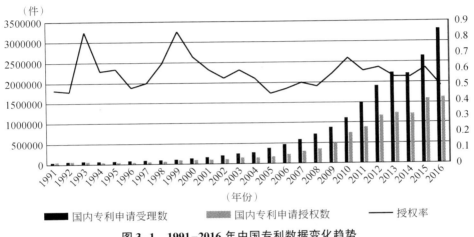

图 3-1 1991-2016 年中国专利数据变化趋势

资料来源：笔者根据相关年份《中国科技统计年鉴》整理计算得出。

在中国专利数量快速提升的同时，科研领域取得的成果也越来越受到国际社会的认可，中国的技术成果对国外的扩散与应用能力也得到了显著提升。具体表现为国外主要检索收录的中国论文①数目逐年攀升，以国际认可度最高的 SCI 期刊收录情况来看，该刊源收录的中国论文已经从 1991 年的 6630 篇增长到 2015 年的 296847 篇，年均增长 31.20%，涨幅较大。而且，从 SCI 检索收录的中国论文数在全世界的排名来看，中国科技论文排名从 1991 年的第 15 位提升至 2008 年的第 2 位，直到 2015 年均稳居第 2 位，这体现在了中国在科技论文方面的产出能力已经走在了世界前列（见图 3-2）。

---

① 此处的中国论文指的是论文第一作者的单位在中国的论文。

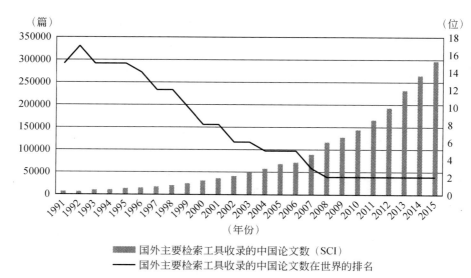

图 3-2 1991—2015 年国外主要检索工具收录的中国论文数及在世界的排名

资料来源：笔者根据相关年份《中国科技统计年鉴》整理计算得出。

（二）研发投入强度增加，国家创新能力增强

在创新驱动发展理念的指导下，研发投入强度逐年稳步提升。2015 年，我国研发投入为 14170 亿元，比上年增长 8.87%，而且该水平已经远超同期日本的研发投入水平（2015 年日本的研发投入为 174361 日元，折合人民币为 8987.09 亿元）。[①] 2014 年，我国研发投入强度为 2.02%，首次超过 2%，并于 2015 年提升至 2.06%（见表 3-4），加快了中国向创新型国家行列迈进的步伐。世界经济合作与发展组织 2017 年发布的 *Main Science and Technology Indicators* 也证实了我国研发投入占 GDP 的比例在逐年上升。

表 3-4 研发经费占 GDP 比重的国际比较　　　　单位：%

年份 国家	1995	2000	2005	2010	2011	2012	2013	2014	2015
中国	0.57	0.89	1.31	1.71	1.78	1.91	1.99	2.02	2.06

① 笔者根据《中国科技统计年鉴 2017》整理计算得出。

续表

年份 国家	1995	2000	2005	2010	2011	2012	2013	2014	2015
美国	2.40	2.62	2.51	2.74	2.77	2.71	2.74	2.76	2.79
日本	2.66	3.00	3.31	3.25	3.38	3.34	3.48	3.59	3.49
韩国	2.20	2.18	2.63	3.47	3.74	4.03	4.15	4.29	4.23
新加坡	1.10	1.82	2.16	2.01	2.15	2.00	2.01	2.20	—
英国	1.68	1.64	1.57	1.68	1.68	1.61	1.66	1.68	1.70
法国	2.23	2.08	2.04	2.18	2.19	2.23	2.24	2.24	2.23
德国	2.13	2.39	2.42	2.71	2.80	2.87	2.82	2.89	2.87
加拿大	1.66	1.86	1.98	1.84	1.80	1.79	1.68	1.60	—
意大利	0.94	1.01	1.05	1.22	1.21	1.27	1.31	1.38	1.33
瑞典	3.13	—	3.39	3.22	3.25	3.28	3.31	3.15	3.26
奥地利	1.53	1.89	2.38	2.74	2.68	2.93	2.97	3.06	3.07
芬兰	2.20	3.25	3.33	3.73	3.64	3.42	3.29	3.17	2.90
墨西哥	0.28	0.33	0.40	0.54	0.52	0.49	0.50	0.54	0.55
荷兰	1.85	1.81	1.79	1.72	1.90	1.94	1.95	2.00	2.01
葡萄牙	0.52	0.72	0.76	1.53	1.46	1.38	1.33	1.29	1.28
西班牙	0.77	0.88	1.10	1.35	1.33	1.29	1.27	1.24	1.22
俄罗斯	0.80	0.99	1.00	1.06	1.02	1.05	1.06	1.09	1.13
印度	0.71	0.76	0.81	0.82	0.85	0.92	0.91	0.82	—

资料来源：笔者根据《中国科技统计年鉴2017》整理计算得出。

在国内不同省份之间，研发投入强度也随时间逐年提高，但不同地区之间的研发投入强度存在明显的区域差异。2016年，全国层面上研发投入强度的平均水平为2.11%，超过该平均水平的有8个省份，分别是北京（5.96%）、上海（3.82%）、天津（3.00%）、江苏（2.66%）、广东（2.56%）、浙江（2.43%）、山东（2.34%）和陕西（2.19%），[①] 多为东部沿海地区，它们的研发投入强度甚至已经超过了部分发达国家，这对提升我国创新驱动能力，加快构建创新型国家具有积极的推动作用。

---

① 数据来自《中国科技统计年鉴2017》。

（三）产业结构"服务化"特征明显，转型升级持续推进

从中国产业结构发展变迁的历史来看，第一产业产值占 GDP 的比重呈下降趋势，第二产业和第三产业与 GDP 的比重呈增长趋势，在很长一段时期内，中国产业始终保持"二三一"的产业结构模式，体现了中国产业结构变迁过程中明显的"工业化"特征。直到 2012 年，中国产业首次实现第二产业与第三产业产值占比相互持平。之后，第二产业产值占比逐渐降低，第三产业产值占比则继续稳步提升，中国产业结构真正实现了"三二一"的发展模型，产业结构优化趋势增强（见图 3-3）。

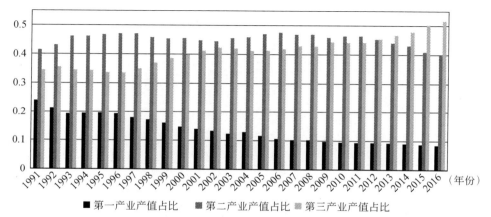

■第一产业产值占比　■第二产业产值占比　■第三产业产值占比

图 3-3　1991-2016 年中国三大产业产值结构发展变化趋势

资料来源：笔者根据相关年份《中国统计年鉴》整理计算得出。

除了产值结构的合理演化，各产业就业人员就业结构日趋合理也是我国产业结构持续优化的良好反映。在根深蒂固的"农本"思想影响下，农业长期被视为立国之本、强国之基，并吸纳了大量农业劳动力，致使就业结构中第一产业的劳动力占比过大，第二产业和第三产业的劳动力就业占比长期处于低位。就三大产业内部的就业人员占比情况来看，第一产业下降，第二产业上升，第三产业增幅较大，并在 2011 年，第三产业从业人员占比首次超过第一产业。之后，第一产业从业人员占比持续下降，第三产业从业人员占比持续上升，产业结构"服务化"特征愈加明显（见图 3-4）。

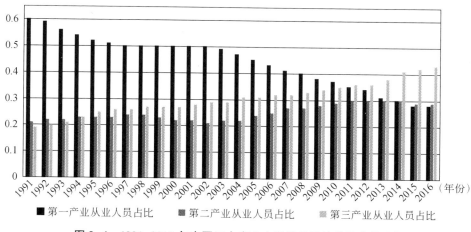

图 3-4　1991-2016 年中国三大产业人员就业结构发展变化趋势

资料来源：笔者根据相关年份《中国统计年鉴》整理计算得出。

（四）创新驱动政策惠民，产业园区建设如火如荼

伴随中国经济由高速增长转向高质量发展，产业结构转型升级对创新驱动提出了新的要求。基于中国特色社会主义制度集中力量办大事和市场配置资源的优势，我国通过设立各类园区和创新创业集群为创新驱动发展插上了一双"起飞的翅膀"，为区域产业结构转型升级和经济高质量发展提供了新的动力机制。其中，国家高新区是大力提升自主创新能力，优化创新创业生态，深入推进大众创业、万众创新，大力培育新产业、新业态、新模式，促进传统产业提质增效，促进技术进步和增强自主创新能力的重要载体；是带动经济转型升级、完备产业体系的新增长点，为实现创新驱动发展提供了根本保障。国家高新区是在新技术革命背景下设立和发展起来的[203]，一直以来承担着技术创新、产品创新和引导产业升级的重任[204]，尤其为高新技术产业的发展奠定了坚实基础[205]。自 1988 年首个国家级高新技术产业开发区——北京中关村科技园建立以来，截至 2016 年底，中国已经先后设立了"146+1"个国家级高新区①，总体呈现"全国布点"的分

---

①　苏州工业园区于 2006 年开始参加国家高新区创新活动，纳入火炬统计，但是苏州工业园区数据单列，不包括在国家高新区综合汇总数据中，2006 年国家高新区是"53+1"个，截至 2016 年底，全国共有"146+1"个国家高新区。

布特征。根据统计资料显示，2016 年，国家高新区集聚了高新技术企业 91093 家，吸纳就业人数 1805.90 万，创造的总收入高达 276559.40 亿元，占 GDP 的 37.17%（见图 3-5）。① 历经 30 多年的建设，国家高新区已经成为驱动中国经济创新发展的高地，是地区高新技术产业发展的重要基地和拉动地方经济发展的重要支撑点和新增长点[206]，更是落实创新驱动发展战略，推动中国产业结构转型升级和实现经济高质量发展的重要载体。

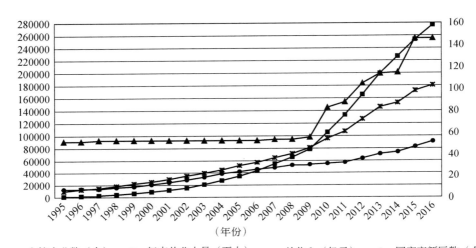

图 3-5　1995-2016 年中国国家高新区发展变化趋势

注：图中入统企业数、年末从业人员与总收入三项以左侧纵坐标轴刻度为参考，国家高新区个数以右侧纵坐标轴刻度为参考。

资料来源：笔者根据相关年份《中国火炬统计年鉴》整理计算得出。

二、创新驱动背景下中国产业结构转型升级存在的问题

在创新驱动产业结构转型升级的过程中，虽然中国产业结构转型升级已经取得了一些成就，但是面对我国许多产业尚处于全球价值链中低端和关键核心技术遭受"锁喉之痛"的客观现实，我们想要实现产业结构转型升级仍然存在诸多问题，这将给未来中国转型发展带来严峻挑战。

---

① 笔者根据《中国火炬统计年鉴》和《中国统计年鉴》中相关数据计算得出。

（一）专利质量偏低，专利结构失衡

在中国创新发展的历程中，虽然依靠技术引进能实现创新的短期增长，但研究表明，中国在技术引进过程中，较低的自主研发吸收能力在很大程度上阻碍了对引进技术的学习和消化，制约了生产率的增长[202]。尽管中国已经发展成为"专利数量"大国，但是创新能力依然远远低于世界其他发达国家，在自主研发创新领域依然是一个"跟随者"或者"并跑者"，距离最终成为科技创新"领跑者"的目标还存在一定距离。

首先，反映中国专利质量的专利申请授权率，即专利申请授权数与专利申请受理数的比值始终在0.5附近波动（见图3-1），这说明在中国申请的所有专利中，经过严格的审批流程之后，最终仅有50%左右的专利申请能被成功授予专利权，中国现有专利质量较低。其次，以往的大部分创新成果只是停留在纸上，停留在礼品、展品和样品上，科研成果未能进入现实生产流程创新成果被"束之高阁"，新技术无法有效推广，难以形成现实生产力，因此阻碍了企业的规模化扩张和新兴产业的形成，无法有效带动经济发展。根据中国三种不同形式的专利占比情况（见图3-6）可知，在中国专利授权数中，最能代表中国创新能力的发明专利占比始终在最低位置徘徊，而实用新型专利与外观设计专利的占比远高于发明专利占比，这说明目前中国的发明创新能力仍有很大的提升空间。

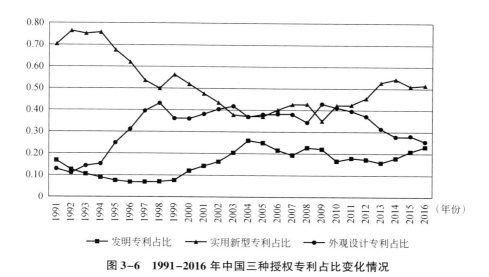

图3-6　1991-2016年中国三种授权专利占比变化情况

资料来源：根据笔者相关年份《中国科技统计年鉴》整理计算得出。

（二）研发人力资本投入偏低，经费投入结构畸形

在以创新驱动为动能促进中国产业结构转型升级的过程中，人力资本是关键要素。根据表3-5可知，2016年，我国研发人员全时当量是3878.1千人年，比2015年增长了3.17%，远高于德国、日本、韩国等。但是，2016年，每万就业人员中从事研发活动的人员仅为50人年，在2015年也仅为49人年，远低于同期的德国（143人年）、日本（134人年）、韩国（170人年）、英国（133人年）和俄罗斯（115人年）。这说明在研发活动中，我国真正投入研发的科技人力资本存在严重不足，从源头上制约了创新驱动能力的提升。

表3-5　研发活动中的要素投入情况

国家 项目　　年份	中国 2016	中国 2015	德国 2015	日本 2015	韩国 2015	英国 2015	俄罗斯 2015
1. 人力资源							
从事研发人员（千人年）	3878.1	3758.8	613.7	875.0	442.0	416.5	833.7
每万就业人中研发人员（人年）	50	49	143	134	170	133	115
2. 研发经费按研究类型分类（%）							
基础研究	5.2	5.1	—	12.5	17.2	16.9	15.5
应用研究	10.3	10.8	—	20.8	20.8	43.3	19.9
试验发展	84.5	84.1	—	66.7	61.9	39.8	64.7
3. 基础研究占GDP的比重（%）	2016	2015	2015	2015	2015	2014	2015
	0.11			0.42	0.73	0.20	0.16

资料来源：笔者根据2016年和2017年《中国科技统计年鉴》整理计算得出。

此外，研发活动经费投入结构中的基础研究经费占比"畸轻"，试验发展经费占比"畸重"。2015年，我国研发活动经费中基础研究占比为5.2%，应用研究占比为10.3%，试验发展占比为84.5%，基础研究经费占比大约为试验发展的1/16。而同期的日本（12.5%）、韩国（17.2%）、英国（16.9%）和俄罗斯（15.5%）的基础研究经费占比均高于10%，而像捷克（30.0%）、法国（24.2%）、意大利（25.3%）、瑞士（30.4%）等发达国家，它们的基础研究经

费占比早在 2012 年就已经超过 20%，远远高于中国 2016 年的水平。

（三）专利分布不平衡，地区固化现象严重

在中国创新发展的历程中，创新能力的强弱往往受制于区域创新效率，而产业集群环境、产学研联系质量、对区外技术溢出的吸收能力等区域特定因素又会进一步影响创新效率。正是基于众多因素的共同作用，区域间投入规模与创新效率综合作用的结果使得我国创新能力在地区之间的差距呈明显扩大趋势，显著影响了全要素生产率（TFP）和高技术产业的发展，并加剧了地区之间的经济差距[202,207]，严重制约了地区创新能力的提升，导致地区之间的创新不平衡不充分发展也越加明显。笔者根据 2016 年中国 31 个省份（不含港澳台地区）的专利申请授权数绘制了雷达图，直观刻画了中国创新发展所存在的地域差异。从图 3-7 可以看出，目前，广东、江苏、浙江和北京的专利授权数远高于其他地区，由此带来的区域创新差异较大。

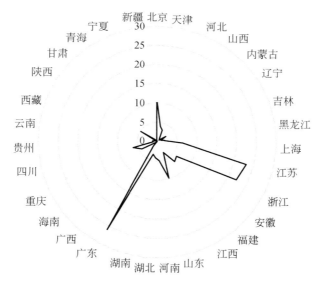

图 3-7 2016 年中国 31 个省份专利申请授权数（单位：万件）

资料来源：笔者根据《中国科技统计年鉴 2017》整理计算得出。

此外，根据 2000 年、2005 年、2010 年、2015 年和 2016 年中国各地区专利申请授权数所绘制的面积图（见图 3-8）可知，中国创新存在很明显的地区固化现象，即从 2000 年到 2016 年，专利申请授权数始终较多集中在北京、上海、浙江、江苏、广东等发达地区，其他地区的专利数和创新能力始终处于较低水平。这种创新资源的非平衡分布给区域协同创新和平衡发展带来了严重制约。

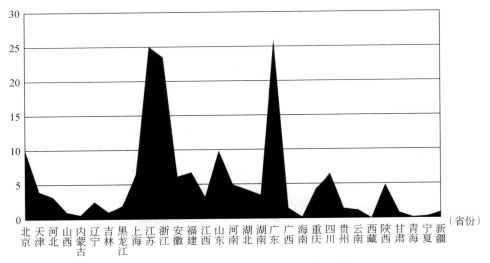

图3-8　中国各地区创新发展固化现状

资料来源：笔者根据《中国科技统计年鉴2017》整理计算得出。

（四）产业结构欠协调，产业素质偏低

理论上而言，如果产业结构的演变逐渐趋于合理，那么某一产业在总产值中所占的比重应该与该产业就业人员在总就业人员中所占的比重趋于一致，保持协调发展。否则，等份额就业将无法匹配等份额产值，产业结构演进将有可能变得畸形。根据产业结构偏离度的计算公式，即某产业产值占比与就业占比的比值减1，笔者分别计算了三大产业结构偏离度（见表3-6）。根据表3-6中的测算结果可知，三次产业结构偏离度较大，均距离均衡水平——零值较远，产值结构与就业结构的占比不协调。同时，根据三次产业结构偏离度的数值方向可知，第一产业就业人员占比大于产值占比，第二产业与第三产业的产值占比大于就业人员占比，这说明第一产业中的就业人员存在劳动力过剩，就业冗员比较严重，未来应加速实现劳动力逐渐从第一产业、第二产业向第三产业转移，通过就业人员结构的合理配置拉动产业结构升级。

表 3-6　1991-2016 年中国三大产业结构偏离度

年份	第一产业偏离度	第二产业偏离度	第三产业偏离度
1991	-0.5974	0.9387	0.8242
1992	-0.6354	0.9869	0.7957
1993	-0.6577	1.0615	0.6281
1994	-0.6414	1.0337	0.4939
1995	-0.6246	1.0327	0.3569
1996	-0.6173	1.0045	0.2911
1997	-0.6414	0.9874	0.3260
1998	-0.6554	0.9488	0.3874
1999	-0.6793	0.9722	0.4340
2000	-0.7065	1.0239	0.4468
2001	-0.7203	1.0087	0.4881
2002	-0.7340	1.0772	0.4772
2003	-0.7485	1.1122	0.4343
2004	-0.7246	1.0401	0.3458
2005	-0.7401	0.9758	0.3164
2006	-0.7506	0.8873	0.2986
2007	-0.7480	0.7485	0.3227
2008	-0.7411	0.7255	0.2897
2009	-0.7431	0.6505	0.3000
2010	-0.7403	0.6166	0.2738
2011	-0.7289	0.5729	0.2371
2012	-0.7196	0.4942	0.2550
2013	-0.7040	0.4621	0.2129
2014	-0.6929	0.4415	0.1783
2015	-0.6879	0.3970	0.1848
2016	-0.6911	0.3823	0.1870

资料来源：笔者根据相关年份《中国统计年鉴》整理计算得出。

此外，产业素质是一个反映微观经济产品、服务、企业、事业单位以及产业组织的质，也是反映中观产业结构质的整体概念。在中国产业结构转型升级的变迁之路上，产业结构虽然经历了从"一二三"向"三二一"的结构模式转变，实现了产业结构在数量份额上的高度化演进，但是目前中国整体产业素质依然较低，主要表现在：第一，中国所生产的产品仍未摆脱技术含量较低、部分产品单价较低、附加值较低的全球价值链低端锁定[208]，这就决定了中国产业在全球分工体系中很难处于较高位置；第二，中国整体产业链不长，产业之间的关联程度不高，产业之间的相互协调与延伸发展水平不高，这也是导致产品无法通过深入加工，提升内在附加价值的重要原因；第三，全产业链创新不足，导致产业结构在转型升级的过程中动力不足。

面对当下中国创新驱动与产业结构转型升级过程中的种种问题，为了应对国内和国际日益严峻的发展形势，赢得在国际市场中的话语权和主动权，中国必须以全球领先技术获得对技术生产前沿面的主动占有，加速推进全面创新驱动发展。创新驱动是新阶段社会经济发展问题[209]，而产业结构调整与优化是后发国家转变经济发展方式的本质要求[67]。作为中国经济高质量发展的重要内容，产业结构转型升级要加速推进产业由低技术水平、低附加值状态向高技术水平、高附加值状态演变[210-212]，实现流程升级、产品升级、功能升级和跨产业升级[213]以及链升级[208]。未来，中国要充分借鉴以往发展经验和正视所面临的问题，以创新驱动提高中国产业素质，实现产业结构从份额占比的数量提升向产业整体质量升级，促进中国产业向绿色、高科技、高质量方向发展。

第四章　创新驱动对中国产业结构转型升级影响的作用机制

产业结构是中观经济领域研究中的重要命题，其自身发展变动受多种因素共同影响。作为众多影响因素之一，技术创新对产业结构的发展趋势、有序更替及变迁方向均有重要的决定作用[41]。在此过程中，行业新进入者往往依靠创新技术摧毁产业内在位者，进而推动整个产业跃升至更高水平[214]。但因技术创新产出多为对中间产品质量的改进，不能直接进入最终产品生产函数以不同路径间接提升产业生产绩效，并通过生产过程发挥乘数效应促进产业结构变化[215]，故无法直接构建数理模型进行论证，本章参考潘宇瑶[216]的做法，借鉴内生增长理论模型的研究思路就创新驱动对产业结构转型升级的影响进行简要的数理分析。与此同时，根据经济学理论，创新驱动对产业结构转型升级的影响主要通过产业结构高度化与产业结构合理化两条渠道作用实现，而且创新驱动对产业结构转型升级的影响不仅体现在三大产业从以第一产业为主逐渐向以第二产业、第三产业为主的"数量型"高度化方向缓慢变迁，也体现在各产业内部劳动生产率由低到高的"质量型"高度化提升，以及各产业之间相互关联、协调发展，不断合理化的过程中。因此，本章将结合相关文献深入分析创新驱动对产业结构转型升级的作用机制，借以丰富现有文献，并为后续研究提供理论依据。

第一节　创新驱动对产业结构转型升级的数理模型分析

将技术进步引入经济增长范畴是内生经济增长理论的突出贡献，内生化的技术进步显著提高了经济增长模型的解释力度。笔者借鉴内生增长理论模型的研究思路和方法，并根据技术进步的方向性，对创新驱动产业结构转型升级的作用机制进行简要分析。

一、创新驱动对产出的影响

在经济增长理论发展过程中，内生增长理论开创性地将技术进步内生化，使经济增长理论上升至新的高度，增强了现实解释力度。一般而言，技术创新能力增强能有效提高劳动效率[①]，这相当于增加参与生产的劳动力数量，也从侧面说明技术进步能提高劳动力的有效供给，节约劳动力资源。于是，我们在生产函数中引入技术创新变量，认为当技术创新作用于生产过程时，能提高有效劳动供给，提升劳动生产率。

对于任意产业的产出水平而言，当引入劳动改善型技术创新 A 之后，产业的产出函数为：

$$Y = F（AL，K） \tag{4-1}$$

在已有研究中，AL 被称为有效劳动，此时的技术创新主要是劳动密集型的，这就意味着技术创新水平提高一定比例，产业生产所需要的劳动力数量将会节约一定比例。在生产函数式（4-1）中，产业的产出取决于有效劳动和资本两个因素。当作为技术创新状态的变量 A 随着时间推移增大时，说明存在技术创新能力的改善，此时，经济中的劳动生产率会提高。

如果，$y = Y/AL$，记为按有效劳动平均的产量；$k = K/AL$，记为按有效劳动平均的资本。那么，式（4-1）可改写为：

$$y = f（k） \tag{4-2}$$

在式（4-2）中，$f（k）= F（1，k）$

假定储蓄率为 s，那么，人均储蓄为 sy。根据收入等于产出，可得：

$$sy = sf（k） \tag{4-3}$$

为了简便，笔者假定人口增长率为 g_N，但由于就业率一般情况下比较平稳，不会发生剧烈波动，因而，可视劳动力的增长率也为 g_N。进一步假定技术创新率

---

① 劳动效率是指单位劳动时间的产出水平，反映了企业对生产方法的掌握情况和熟练程度。当劳动力的技能水平得到改善时，劳动效率会提高。

为 g_A，有效劳动的增长率将是劳动力增长率与技术创新增长率之和，即 g_N+g_A。维持单位有效劳动所需的必要投资是与有效劳动保持相同增长率的资本增长，同时还需对资本进行补偿，其计算公式为：

$$\delta \cdot k+（g_N+g_A）\cdot k=（\delta+g_N+g_A）\cdot k \tag{4-4}$$

而当经济趋于稳定时，人均资本和人均收入往往是固定不变的。这就意味着人均资本变化为 0。根据资本变化源自储蓄与必要投资之间的差额，那么人均资本变化就取决于人均储蓄与人均必要投资之间的差值，即

$$\Delta k=sy-（\delta+g_N+g_A）\cdot k \tag{4-5}$$

当经济处于稳态时，有 $\Delta k=0$，即

$$sy^*=sf（k^*）=（\delta+g_N+g_A）\cdot k^* \tag{4-6}$$

其中，式（4-6）中的 y^* 和 k^* 分别表示经济处于稳态时的人均产出和人均资本。根据图 4-1 可知，当经济处于稳态时，产出的增长率取决于人口增长率 g_N 与技术创新增长率 g_A，而与储蓄率无关。此时的产出以 g_N+g_A 的速度增长，劳动力供给率以 g_N 的速度增长，稳态下人均产出以等于技术创新率的速度 g_N 增长。因此，人均产出的增长率最终由技术创新率决定，创新驱动是带动产业成长，进而带动经济增长的关键因素。

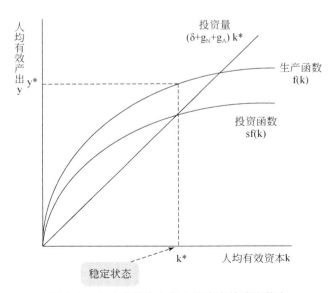

图4-1　人均有效资本与人均产出的稳定状态

具体而言，在图 4-1 中，模型引入劳动改善型技术进步，速率为 g_A，并且与速率为 g_N 的人口增长的进入方式相同。k 是有效工人的人均资本量，技术进步在相对增加工人有效数量的同时，具有减少 k 的倾向。更进一步，当经济发展处于稳态时，由折旧、人口增长和技术进步所带来的 k 的减少，可由投资 sf（k）来抵消。

二、要素增进型技术进步对产出的影响

在传统的经济增长理论文献中，技术进步通常被假定为是中性的。但是在实际生产过程中，技术进步往往是偏向于一种特定的要素，从而节约使用变得昂贵的生产要素，这说明技术进步仅对经济中的某些生产要素和个体有利，技术进步存在方向性。一般而言，存在要素增进型技术进步和要素偏向型技术进步两种不同的技术进步方式[217]。

要素增进型技术进步会给不同类型的产品产出带来差异化影响。如果生产中仅存在劳动和资本两种要素投入，那么，劳动增进型技术进步往往意味着技术进步的发生带来了劳动投入的相对增加和资本投入的相对节约，能较大程度地增加劳动密集型产品产出，进而带动总产出增加。据此，我们也可以将劳动增进型技术进步称为资本节约型技术进步。与之类似，资本增进型技术进步往往会使生产中的资本使用相对增加，劳动使用相对减少，通过较大程度地增加资本密集型产品产出带动总产出增加，我们也可以将资本增进型技术进步称为劳动节约型技术进步。如果技术进步能同时改善劳动与资本的投入使用环境，那么，此时的技术进步将协同增加劳动密集型产品和资本密集型产品的产出，推动生产可能性曲线整体向外移动。

笔者借鉴生产可能性曲线简要分析不同要素增进型技术进步对不同产品产出的影响。首先，我们假定：①存在两类生产者，一种是生产劳动密集型产品，另一种是生产资本密集型产品；②拥有两种生产要素，一种是劳动力，另一种是资本。在生产过程中，两类生产者在两种生产要素之间进行选择，并根据当下的生产技术水平最大化其产量。根据经济中劳动与资本可以相互替代的假定，两类厂商会自由组合两种生产要素，并生产出在给定技术水平和生产要素投入下不同类型的产品组合。

在图 4-2 中，横轴表示最优产出中劳动密集型产品 X 的数量，纵轴表示最

优产出中资本密集型产出 Y 的数量。给定劳动力和资本供给，厂商最优产出集合为生产可能性曲线 PP′。可以看出，生产可能性曲线 PP′将整个产品空间划分为三个互不相交的组成部分：①曲线 PP′右上方区域，称为"生产不可能"区域，说明在给定的技术水平、劳动力和资本要素投入条件下，厂商无法完成生产可能性曲线右上部分商品的生产需求；②曲线 PP′左下方区域，称为"生产无效率"区域，在此时的生产技术水平下，要素供给没有实现效率最大化，所生产的产品数量小于既定要素投入下的最优产出；③曲线 PP′本身是在现有资源和技术条件下，厂商能达到的最优产出。

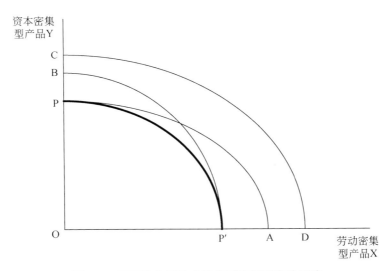

图 4-2　不同偏向型技术进步对产品产出的影响

如果厂商采用的是劳动增进型技术进步，即资本节约型技术进步，那么，将会提高劳动密集型产品 X 的生产效率，增加劳动密集型产品的产出，从而引起生产可能性曲线 PP′围绕 P 点向外旋转至 A 点。此时，在劳动增进型技术进步推动下，新的生产可能性曲线为 PA，增加了产品组合中劳动密集型产品 X 的数量，进而在整体层面增加了总产出。

如果厂商实行的是资本增进型技术进步，即劳动节约型技术进步，那么，将会在提升资本密集型产品 Y 的生产效率的同时增加 Y 的产出，从而引起生产可能性曲线围绕 P′点向外转动至 B 点。此时，技术增进型技术进步推动下的新的生产可能性曲线为 BP′，增加了不同产品组合中的资本密集型产品 Y 的数量，从整体层面也带动了总产出的增加。

如果厂商采用的技术进步能同时改善劳动力和资本要素的投入，那么，将能同时提升劳动和资本两种要素密集型产品 X 和产品 Y 的生产效率，并且能够同时增加产品 X 和产品 Y 的产出数量，推动生产可能性曲线整体向外移动。假设在劳动和资本改善型技术创新推动下，生产可能性曲线移动至曲线 CD，此时，劳动密集型产品 X 和资本密集型产品 Y 的生产效率显著提升，同时增加了两种产品的产出，扩大了产品组合范围，提升了整体产出水平。

由此可见，不论是劳动增进型技术进步，还是资本增进型技术进步，抑或是两者兼而有之的技术进步，均会增加劳动密集型产品、资本密集型产品、抑或是同时增加劳动、资本密集型产品产出，并增加总产出，最终对经济增长和产业结构转型升级带来积极影响。

三、要素偏向型技术进步对产出的影响

在要素偏向型技术进步的相关文献中，学者往往基于生产理论，以微观企业生产活动为视角，研究偏向型技术进步的类型及其影响因素。笔者借鉴张俊和钟春平[217]、Acemoglu[218]的做法，对要素偏向型技术进步如何影响产出做简单分析。

假定存在一个总量生产函数 $F = f(L, H, A)$，该生产函数中包含两种要素投入，其中，L 表示劳动力投入，H 表示资本、技能劳动或者土地等另一种要素投入，A 表示技术进步。一般情况下，技术进步不存在边际产出递减，即 $\partial F/\partial A > 0$。假定存在一个两部门经济，最终产品的生产必须以两种中间产品作为投入要素进行联合生产。同时，为了分析简便，我们假设总产出函数为不变替代弹性函数，并将其设定为如下形式：

$$Y = [\gamma Y_L^{\frac{\sigma-1}{\sigma}} + (1-\gamma) Y_H^{\frac{\sigma-1}{\sigma}}]^{\frac{\sigma}{\sigma-1}} \tag{4-7}$$

其中，Y_L 和 Y_H 为两种中间产品的产出，这两种中间产品的生产需要不同的要素组合与相应的技术协同生产，Y_L 是 L 密集型产品产出，Y_H 是 H 密集型产品产出。$\gamma \in (0, 1)$，表示两种投入要素的分布参数，刻画了两种要素的重要性。$\sigma \in (0, \infty)$，是两种要素的替代弹性。当 $\sigma = \infty$ 时，说明两种投入要素存在完全替代，生产函数是线性的；当 $\sigma = 1$，说明生产函数是 Cobb-Douglas 生产函数；当 $\sigma = 0$ 时，说明两种投入要素之间不存在替代关系，生产函数是列昂惕夫生产

函数（又称固定投入比例生产函数）。当 $\sigma > 1$ 时，可视两种要素相互替代，当 $\sigma < 1$ 时，可视两种要素为互补关系。技术进步究竟是 L 偏向还是 H 偏向，取决于两种要素的替代弹性。

两种中间产品 Y_L 和 Y_H 满足以下生产函数形式：

$$Y_L = \frac{1}{1-\beta}\left(\int_0^{N_L} x_L(i)^{1-\beta} di\right) L^\beta \tag{4-8}$$

$$Y_H = \frac{1}{1-\beta}\left(\int_0^{N_H} x_H(i)^{1-\beta} di\right) H^\beta \tag{4-9}$$

其中，$\beta \in (0, 1)$，L 和 H 是两种要素的投入总量。L 密集型产品的产出取决于 L 投入和与 L 互补的中间体或者机器 $x_L(i)$，而且与 L 一起使用的机器的范围已知是 N_L。同理可知，H 密集型产品的产出取决于 H 投入和与 H 互补的中间体或者机器 $x_H(i)$，而且与 H 一起使用的机器的范围已知是 N_H。同时，假设两部门使用的机器均是由技术垄断厂商提供，而且技术垄断厂商拥有永久专利权。那么，新机器变量的生产函数可以写成如下形式：

$$\dot{N}_L = \lambda_L R_L \tag{4-10}$$

$$\dot{N}_H = \lambda_H R_H \tag{4-11}$$

在式（4-10）和式（4-11）中，R_L 和 R_H 分别是厂商对 L 密集型产品和 H 密集型产品生产设备的研发投入，参数 λ_L 和 λ_H 意味着两种不同的创新类型可以具有不同的成本。这两个创新生产函数说明对研发 L 互补型机器（或 H 互补型机器）投入一单位最终产品，将增加 λ_L（或 λ_H）单位的 L 互补型机器（或 H 互补型机器）。

此时，如果假设最终产品的销售价格分别为 P_L 和 P_H，两种要素价格分别为 W_L 和 W_H，研发出的两种要素互补型机器的租赁价格分别为 P_L^x 和 P_H^x。那么，在市场竞争条件下，厂商实现利润最大化必须满足以下条件：

$$\text{Max} P_L Y_L - W_L L - \int_0^{N_L} P_L^x x_L(i) di \tag{4-12}$$

$$\text{Max} P_H Y_H - W_H H - \int_0^{N_H} P_H^x x_H(i) di \tag{4-13}$$

如果不考虑价格变动因素，假定利润和利率在未来恒定不变，根据经济平衡增长路径可得两部门创新活动的利润贴现值 V_L 和 V_H 分别为：

$$V_L = \frac{\beta P_L^{1/\beta} L}{r} \qquad\qquad (4-14)$$

$$V_H = \frac{\beta P_H^{1/\beta} H}{r} \qquad\qquad (4-15)$$

其中，r 为利率。可以直观地发现，较高的 V_L 或 V_H 能够提高垄断厂商生产 L 偏向型或者 H 偏向型机器的激励。求取式（4-15）与式（4-14）的比值可得：

$$\frac{V_H}{V_L} = \left(\frac{P_H}{P_L}\right)^{1/\beta} \frac{H}{L} \qquad\qquad (4-16)$$

根据式（4-16）可知，要素偏向型技术进步受价格和市场规模两方面的影响。具体而言，厂商具有更大的激励去发明生产更贵商品的技术设备，而且较大的市场规模将会带来更多的技术创新，即"价格效应"激励技术创新偏向于稀缺要素的方向，而"市场规模效应"激励技术创新偏向于丰富要素的方向[217]。不难发现，在要素市场中，"价格效应"和"市场规模效应"对技术创新的方向会产生截然相反的作用，技术创新的偏向型最终取决于生产要素间替代弹性的大小。但无论偏向何种要素，偏向型技术进步都会改变要素的投入结构，并最终传导至产品市场，引致产业结构改变。

第二节 创新驱动对产业结构转型升级的作用机制

创新驱动对产业结构转型升级的影响主要通过产业结构高度化与产业结构合理化两个渠道实现。其中，创新驱动对产业结构高度化的影响不单纯是指带动产业结构实现从以第一产业占比为主，逐渐向以第二产业、第三产业占比为主的"数量型"演变，更为重要的是指伴随产业技术含量的集约化[41]，持续提升产业结构高度化的质。此处，对产业结构高度化的质的作用依赖于对产业结构高度化理论内涵的把握。产业结构高度化的理论内涵涉及产业比例关系的改变和劳动生产率的提高[219]，只有当产业结构的演进协同带动各个产业内部劳动生产率、提升各产业"结构效益"、劳动生产率较高的产业所占份额较大时，产业结构高度化才较高[220]，才属于具有较高质量的高度化。而创新驱动对产业结构合理化的影响集中表现为对产业之间协调能力的加强和关联水平的提高。只有当创新驱动同时推动了产业结构高度化与产业结构合理化，才意味着创新驱动能显著推动中国产业结构转型升级。于是，基于已有文献，笔者对创新驱动影响产业结构转型升级的作用机制进行了系统归纳。

一、创新驱动改变供需结构，倒逼产业结构转型升级

首先，在推动产业结构高度化的量的过程中，一方面，创新驱动会带来新工艺地不断涌现，由此所生产的新产品将改变消费市场中原有的消费需求结构，满足消费者持续升级的消费欲望，这种需求结构的改变将给众多企业带来新的生产压力，从而倒逼企业改变原有生产结构，加速企业改造升级传统生产模式。随着新技术的推广应用以及新产品生产规模的逐步扩大，生产要素的持续流入还将促进新兴部门产生、成长和发展，并将通过改变不同产业间、产业内的结构比例带动产业结构量上的高度化。另一方面，由创新驱动带来的新的需求结构将在数量层面改变原有生产要素的供给结构，而新生产要素的投入使用会降低单个企业甚至整个行业的运行成本，实现行业内规模报酬递增。比如，大数据、人工智能、互联网等新兴技术的出现极大地推动了制造业，特别是服务业发展，从量上加速了服务业的成长[221]，带动产业结构朝高度化方向演变。

其次，由创新驱动带来的新要素开发和使用会改变原有要素的相对价格和投入结构，进而改变各种生产要素的相对边际生产率。而生产要素在高低生产效率部门下的快速转移和重新配置，会改变产业结构[79,222-223]。此时，单位劳动生产率已经提高的产业部门将获得更多的结构"红利"，吸引更多要素投入[79]，带动相关部门和行业快速发展，并不断衍生出其他新兴产业[26,224-225]，在提升生产要素相对收益的同时改变产品供给结构，促进产业结构高度化的质。虽然经济理论中存在中性技术创新①，但现实中技术创新存在偏向性，技术创新对各生产要素边际生产率的影响存在"非平衡性"，在市场机制作用下，创新会刺激不同生产要素之间进行替代和重组[41,226]，通过改变产业劳动生产率，影响产业结构高度化的质。

---

① 中性技术进步是指创新以相同的比例提高劳动、资本等生产要素的边际生产率。

最后，创新驱动背景下的新技术应用和新资源出现会改变企业投入要素的相对价格和使用成本，并进一步改变要素供给结构。如果减少某一实物型要素的投入，将降低该要素的生产部门的供给，同时也将减弱该产业与原来下游相关产业部门之间的关联程度。反之，如果增加某一实物型要素的投入，将增加该要素生产部门的供给以及与该要素需求方等多部门之间的关联程度，逐步调整产业结构，推动产业结构合理化演进。

二、创新驱动改变就业收入，引致产业结构转型升级

首先，创新驱动不仅会增加收入总量，而且会改变收入需求弹性[79]。其中，收入总量的增加会刺激居民更多地消费闲暇等高端服务类产品，提升高端服务的消费倾向，加速生产要素向附加值更高的工业和服务业部门转移[221]，带动产业结构高度化的量。比如，农业机械化程度的提高将会释放大量农业劳动力资源，加速农村劳动力投身农村旅游休闲等服务行业就业的步伐，推动中国产业结构向"服务化"方向转型。此外，创新驱动对收入需求弹性的影响将通过增加居民对高档商品的消费和降低居民对低档商品的消费，诱导消费需求结构朝高级化方向转变，在"数量"层面率先刺激产业结构的高度化。

其次，伴随创新驱动能力的提升，由劳动生产率提升所带来的工资收入增加会减少人们对低档商品的消费需求，并逐渐增加对高档商品的消费需求。一般情况下，高档商品具有更高的科技含量、更高的产品附加值，在价值链中具有更高的地位。高收入消费者对此类高端商品的大量消费将加速该产品的供给能力，并增强其研发升级动力，提升相关产业在全球价值链中的地位，加速产业结构整体升级，从质量层面提升产业结构的高度化。

最后，创新驱动对居民收入水平的影响不仅会直接改变传统消费观念，而且会使消费者的消费组合多元化，带动产业结构多元化、合理化发展。一方面，创新驱动带来的收入增加会打破传统消费观念，加快新产品在消费市场中的受众，鼓励新兴产业崛起，促进产业结构多元化；另一方面，逐步提升的收入水平会加速消费者的多元化消费倾向，延伸消费者的消费链，协同带动多产品消费和多产业发展，加速不同产业之间的关联程度，提升不同产业之间的协同发展能力，推动产业结构合理化。

三、创新驱动深化社会分工，加速产业结构转型升级

首先，由创新驱动引致的技术革新会加速社会分工深化，进而诱导众多新兴行业的出现，加速产品供给的多样性，而多元化的产品和服务创新将会创造出更多的消费者体验和用户市场。在现实中，我们不难发现，每一项重大创新之后，都会兴起一批主导产业，不同主导产业之间的交互更替是产业结构不断向高水平演化的推动力量。创新驱动加速了经济系统的技术进步，推动各产业进行重大的结构调整，引起各产业在结构比例发生变化。但总体而言，创新驱动引致的分工深化极大地便利了人们的生活，为消费者提供了更加优质的服务质量，提高了第二产业和第三产业在经济总量中的比重和整体水平，在数量层面较好地推动了产业结构高度化。

其次，创新驱动通过深化社会分工，加速专业化发展，在提高生产技术水平的同时提高了生产要素的使用效率和产出效率，使生产方式朝更加有效的方向演化。在降低资源消耗的同时提高了产品附加值，使得等量的资源投入能创造出更多、更优质的产品产出，持续推动产业结构高度化的质量。与此同时，持续深化的社会分工还将加速行业内部创新，进一步提升劳动生产率和经济效率，加速二者之间稳定的良性循环，不断推动产业结构高度化的质。

最后，在创新驱动背景下，持续深化的社会分工不仅加速了产业多样化发展，也加速了生产技术的专业化推进。一方面，由分工带来的多样化加速了产业门类的增加，使产业相互之间的关联度增强；另一方面，分工所带来的专业化提高了产业劳动生产率，有效促进了信息、资本、人才等生产要素从低效率部门向高效率部门流动，加速了产业结构向合理化方向演进。这种基于不同地区自然禀赋差异所形成的多元分工格局将诱导各地区打造适合当地自然禀赋条件的主导产业，并逐渐发展形成拥有价值链特定环节的产业部门，避免了地区间产业结构同质化，有利于增强产业竞争力，带动产业结构合理化。

四、创新驱动加速改旧出新，推动产业结构转型升级

首先，创新驱动能力的显著增强，一方面会促进新兴技术改造传统落后产业，提高产出效率，扩大产能，提升产业在总产出中的占比，实现产业从旧转新，产出由少到多的变迁；另一方面，新兴技术还会不断衍生出众多战略新兴产

业，尤其是高端技术制造业和高质量生产性服务业，实现新兴产业从无到有，加速产业结构从以第一产业占比为主，向以第二产业、第三产业占比为主的方向演进，推动产业结构高度化的量。

其次，创新驱动往往通过提高劳动生产率来改造传统产业、衍生其他新兴产业，进而推动产业结构高度化的质。但此过程通常受产品需求弹性的影响，当技术创新仅提高了原有产品的生产效率，且该产品的需求弹性较小时，技术创新将促使该产业部门生产要素发生外溢性转移，导致该产业部门绝对或相对收缩；反之，若该产品的需求弹性较大时，由技术创新带来的要素流入效应将加速该产业部门的扩张[41]，并加速主导产业更替。新兴产业一般多是高技术产业，所用技术多为"通用性技术"，且具有极强的渗透性和替代性，能促进制造业中低技术行业和服务业技术革新及生产方式变革[227]，从质量层面促进产业结构高度化。Rostow[140] 和 Metcalf[141] 进一步肯定新技术会导致一系列新兴产业诞生，而新兴产业的集聚和生产要素的重新组合将加速产业结构变动，持续改造和更新传统产业，不断提升产业结构高度化的质。

最后，随着关联替代技术的出现，创新驱动会改变原有消费结构以及产业服务的技术路线，并将在很大程度上增强产业融合动力，拉动产业结构朝合理化方向演化[41,227-228]。而且这种技术进步往往也会使某些部门首先产生技术突破或首先应用高新技术，然后通过前向关联、后向关联和旁侧关联，带动相关产业发展[229]，提高相关产业之间的关联水平和协调程度，推动产业结构合理化。另外，信息通信技术的快速发展与广泛应用会在模糊产业边界的同时，加速产业融合和产业结构软化[228]。而且，作用于上游产业的技术创新还会加速改进下游产业的生产过程，技术创新扩散会极大地消除不同产业之间的技术性进入壁垒，加速产业融合，软化产业结构[227]，共同推动产业结构合理化。

五、创新驱动强化空间关联，协同加速产业结构转型升级

在中国，不同地区往往因历史、文化、自然等原因具有不同的要素禀赋，而且这些要素禀赋条件也时常因地理距离远近而各具差异，这就必然使得各地区具有不同的创新驱动能力，但这只是创新驱动基于自然禀赋条件的静态特征。创新驱动还时常通过动态空间关联影响产业结构转型升级。

首先，根据经济学理论，创新溢出是创新主体在进行创新活动时对其他经济

主体产生福利但并未获得相应收益的现象，其实质是经济外在性的一种表现，是由技术创新扩散的外部性引起的，具有客观性、溢出方向的确定性①、溢出目标的非指向性和溢出过程的隐蔽性等特征[230]。创新驱动不仅对当地产业结构高度化的量具有直接影响，还对周围邻近地区产业结构高度化的量具有空间溢出效应，对邻近地区的影响还将进一步作用于当地产业，强化这种影响。具体而言，一方面，创新驱动改变了原有生产要素的投入结构，引起周边相邻区域生产要素的相对价格发生改变，加速了要素在不同产业部门之间的空间流动与空间配置，诱导产业结构在地理空间上重组、改变，推动产业结构由低级向高级发展；另一方面，创新驱动所带来的居民收入增加将打破原来在低收入水平状态下消费本地低端商品的消费模式，并增加对周边地区高端商品和服务的消费，加速升级整个产品服务供应链。同时也会促使人们更多地追求闲暇，即在高收入水平下，人们将更多时间和金钱用于跨区服务消费，促进服务业增长，在总量层面协同带动区域产业结构"服务化"转型。

其次，创新驱动在空间领域往往会形成"创新势差"，此时，创新驱动能力较高的地区通常会向创新驱动能力较低的地区传播和扩散，并进行有偿的创新技术转让。在此过程中，创新驱动较强的地区因创新驱动带来的高劳动生产率提升了本地区产业结构高度化的质，而创新驱动较弱的地区将通过创新技术的引进和模仿，改善自身技术落后的局面，提高当地劳动生产率。同时，已经提高的劳动生产率还将通过反馈效应进一步刺激周边地区劳动生产率，使其向更高水平迈进。由此可见，创新驱动伴随在地区之间的传播与扩散能提高当地以及周边地区劳动生产率，推动产业结构高度化的质。此外，熊彼特早年提出的创新群的极化规律推动了产业结构的有序更替，其变迁方向决定于技术创新及其扩散[41]，因为创新是随机均匀分布于整个经济系统的非孤立事件，并且倾向集中于其中的某些部门及其邻近部门[231]，由创新驱动带来的空间集聚效应和规模效应有助于加速提高劳动生产率，为产业结构演变与更替提供源源不断的动力，在质量层面推动产业结构从低效率向高效率转移，促进产业结构高度化的质。

---

① 技术创新溢出的方向主要体现为创新知识、技术和信息由拥有技术创新优势的主体流向其他经济主体。

最后，在空间因素带动下，创新驱动将通过积极培育创新点，改善创新驱动能力较弱地区产业结构转型升级迟缓等问题。特别是在开放环境下，空间关联将使创新驱动在提升当地以及周围地区产业结构升级的同时，打破原有僵化的产业格局，加速创新传播和扩散，基于地区资源禀赋动态演变加速地区主导产业更迭，以产业链前向关联、后向关联以及旁侧渗透效应和扩散效应不断延伸全产业链长度和宽度，在地区之间逐渐形成一个新的主导产业或者产业集群，通过产业整合、产业延伸和产业提升，为产业结构合理化提供空间载体。此外，主导产业的持续发展会向相关产业辐射已有优势，给经济增长带来扩散效应[116]，这种协调性高、关联程度高的产业结构将推进创新驱动在跨地区产业之间渗透，促进产业集聚和产业转移。产业集聚为创新提供了良好的研发条件和创新平台，不仅有利于人力资本的培养和利用，实现知识共享交流，促进技术进步，而且由产业集聚带来的资本集中还将有助于加速产业基础设施建设和发展，为技术创新提供应用空间。产业结构调整带来的梯度转移将加速创新驱动的产生和扩散，推动地区之间产业结构合理化。

六、创新驱动政策①目标明晰，保障产业结构转型升级

政府行为在技术创新及产业政策上往往发挥着重要作用，但这种作用一般仅限于促进或抑制某些领域的技术创新及其相关产业的发展，不能随心所欲地"规划"或"创造"一项新的技术创新或一个新的产业[41]。为了以创新驱动全面推动中国产业结构转型升级，我国政府曾出台了一系列政策。其中，最关键的一项是设立"创新示范基地"——国家高新区，以此带动地区产业结构转型升级。

首先，国家高新区是以高新技术为支撑，不断改造传统产业、发展新兴产业的重要载体。在实际中，国家高新区内入驻的企业主要以高技术产业制造业和高技术产业服务业企业为主，能率先在总量层面带动当地产业从第一产业占优势向第二产业、第三产业占优势地位顺次演进，有利于推动当地产业结构高度化的"量"。

---

① 国家出台了多种鼓励创新的政策法规，本书仅以国家高新区为例进行理论分析和实证研究。

　　其次，在理论上，政府的适当干预会促进经济增长，恰当的产业政策能引领产业创新发展方向，提高产业的创新效率[232]。国家高新区作为带动区域创新能力提升的政策示范区，对当地产业结构高度化的质的促进作用主要通过增强创新能力，提升劳动生产率来实现。第一，国家高新区凭借优惠政策吸引了丰富的创新资源，其中，优秀的人力资本有助于加速知识的流动与扩散，易于产生较强的正外部性，并加速新思想、新理念的形成，增大创新成功的概率；优惠的税收激励以及财政补贴等政策不仅降低了高新区内企业自主创新的内源融资约束，也降低了企业研发成本和所面临的市场不确定性，能有效增强企业自主创新的积极性与主动性，提升劳动生产率，实现要素从低效率生产部门向高效率生产部门转移，带动产业结构由低水平状态向高水平状态升级演变，实现产业结构高度化[137,233-235]。第二，来自科技、管理、金融等方面相对完善的服务支撑体系为高新区内企业创造了良好的创新发展环境，强化了国家高新区技术创新能力[236]，而且企业自身所具有的"技术势能"有助于提升国家高新区持续创新能力，推动产业技术创新，发展前瞻性主导优势产业、衍生其他新兴技术产业，从质量层面促进地区产业结构高度化[219,237]。

　　但现实中技术创新不足和创新效率低下已成为阻碍国家高新区发展的重要问题[238]，抑制了产业结构高度化质的提升。第一，国家高新区的发展更多依靠于高质量人力资本[239]，但尚不完善的人才引进机制和持续上涨的劳动力价格在"拉力不足"和"推力过大"两个方面共同挤压了园区企业对高端人力资本的投入空间，并且已有研究证实，面对中国遍地开花的4210个各类开发区的激烈竞争，国家高新区在吸引国外高技术企业和高层次人才方面并不占优势[240]。这种因高层次人力资本缺乏所带来的园区内产业配套能力不足往往还制约企业后续发展[241]，致使园区技术创新能力和劳动生产率的提升受限，带动产业结构高度化的后劲不足。第二，国家高新区是以技术创新为先导的示范区，而技术创新活动因存在"不平衡性"①[226]使得产业某一生产环节的劳动生产率提升并不一定协同带动其他生产环节的效率改进，反而打破了原有的生产和谐，不利于提升全

---

　　① 技术创新活动的"不平衡性"是指在由密切相连的环节所构成的生产活动中，如果技术创新仅提高了其中某一环节的劳动生产率，而其他生产环节并未发生变化，就会产生技术创新活动的不平衡性，制约整个生产过程劳动生产率的提高。

产业链的劳动生产率，另外，"假伪型"技术创新[226]本身就无益于提升劳动生产率，更不利于推动产业结构高度化的质。第三，由技术创新引起的需求变动和劳动生产率变化是影响产业结构变动的主要因素[79]，而国家高新区大部分科技成果的转换率很低[242]，致使我国高新区内的创新成果在实现规模化、产业化、资本化，进而成为满足消费者需求的商品这一链条上还存在较大障碍，无法实现从全球价值链低端向中高端迈进，反而制约了产业结构高度化的质的提升。

最后，作为一项带动区域创新发展的政策，国家高新区在实施之初就明确了相关目标产业，为园区后续发展提供了明晰的产业选择指南，很大程度上规避了产业在发展过程中的盲目投资和过度生产行为，减少了产业结构不合理变动带来的摩擦，降低了要素重置成本，有助于资源在产业间优化配置，带动产业结构合理化[219]。另外，在国家高新区发展过程中，政府所颁布出台的一系列财税补贴、担保贴息以及股权激励等政策措施能有效弥补市场信息的不完全，提高资源配置的有效性，降低产业不合理波动，促进产业结构合理化。同时，伴随高新区自主创新能力的提升，不断涌现出的主导优势产业、新兴技术产业等会进一步强化产业之间的关联程度，带动产业结构合理化。但现实中国家高新区对产业结构合理化还存在负面影响。第一，部分国家高新区在设立之初没有充分考虑自身的区位优势、产业发展目标、技术发展水平以及产业之间的关联程度和互补性，彼此之间未能从区域专业化分工的角度出发形成合理的分工，导致资源错配，无法实现与当地经济联动发展，出现了产业结构趋同的现象[239,243-244]，不利于具有竞争优势的特色支柱产业成长。第二，"条块分割"一直是中国区域发展存在的主要问题，也是经济发展面临的客观环境，在此背景下设立的国家高新区往往因市场机制不健全和法律体系不完善等因素而缺乏合作意识，导致关联性不高[242]，不利于带动产业结构合理化。由此可见，国家高新区对产业结构合理化的作用包含促进作用和抑制作用两方面，最终效应取决于这两种作用叠加的净值。具体作用机制如图4-3所示。

前文从简单的数理模型和理论分析两个方面阐述了创新驱动对中国产业结构转型升级的影响机制，总体上肯定了创新对产业结构转型升级的积极作用。但是，不可否认，现实中仍然存在相关体制、机制不健全，人为片面追求专利数量而忽视创新质量，部分企业在利益驱动下对研发创新实施"骗补"等行为。这

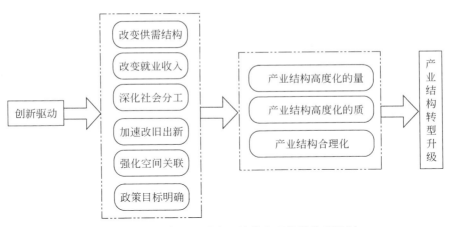

图4-3　国家高新区对产业结构合理化的作用机制

些不可量化的客观因素阻碍了创新驱动对产业结构转型升级的促进作用，致使创新驱动对产业结构转型升级的影响存在复杂性，后文将通过实证分析做进一步研究。

第五章　中国创新驱动指数体系的构建与测算

　　创新驱动是带动中国产业结构转型升级、推动经济高质量发展的重要抓手。进入经济新常态之后，人口红利消失、制度红利衰退、环境资源代价提高等问题日益显现，给未来经济高质量发展带来了严峻挑战。中国迫切需要以知识、技术、企业组织制度和商业模式等无形要素重新组合现有资本、劳动力、物质资源等有形要素，实现创新全面激发经济内生增长动力。可以说，创新驱动能力是推动未来中国经济发展实现质量变革、效率变革以及动力变革的核心力量。因此，对中国创新驱动能力的测度就显得尤为重要。本章基于前文所给出的创新驱动定义对中国创新驱动能力进行全面测度，这将对全面实施创新驱动发展战略，推动中国经济高质量发展具有重要的理论意义和现实意义。

第一节　中国创新驱动指数体系的构建

一、中国创新驱动指数的分析框架

　　创新是实现新思想、新产品，以及操作方法的创造、发明和再发明的非连续性和破坏性过程[18-19]，本身是一个复杂的概念。在创新发展过程中，索洛[9]首次提出新思想的来源，以及以后阶段的实现与发展"两步论"是技术创新成立的两个条件。李金生等[245]将高技术企业的技术创新演进划分为"技术创新学习"阶段、"技术创新模仿"阶段、"技术创新—模仿"阶段和"技术自主创新"四个主要阶段。国家统计局社科文司"中国创新指数（CII）研究"课题组[246]

从创新环境、创新投入、创新产出和创新成效四个方面共计 21 个基础指标出发构建了中国创新指数体系框架，但其在测算中国创新指数的过程中所采用的"逐级等权法"将这四个方面和所对应的 21 个指标的权重设定为相同的，忽视了指标之间的差异性和不同指标对创新的不同影响。罗丹[247] 从创新的定义出发，认为创新驱动社会经济发展的过程包括前提条件、环境、起点、核心和目的五个过程，并从创新投入、知识创造、技术应用和创新环境四个方面构建创新驱动指标。罗丹在测算创新驱动指数时采用的变异系数法虽然是一种比较客观的赋权方法，但该方法较多适用于当评价指标对评价目标比较模糊的情况，而且该方法对指标的具体经济学含义重视不够。考虑到现有文献中存在的种种不足，本章试图在全面准确界定创新驱动概念的基础上，对中国创新驱动能力进行量化测度。基于已有研究文献对创新内涵的论述以及前文对创新驱动概念的全面界定，本章所探讨的创新驱动并非企业层面狭义的技术创新，而是在宏观经济环境下，包括各创新驱动主体的广义、深层次、全面、动态创新驱动过程，是推动经济增长的主要动力。要准确全面地理解我国创新驱动的实际状态以及强度，首先需明确创新驱动价值链的形成过程。本章主要根据 Hansen 和 Birkinshaw[248] 提出的"知识获取—创新形成—成果转化"三阶段创新价值链，将中国创新驱动界定为包括"创新驱动认知基础—创新驱动主体要素投入—创新驱动主体成果产出—创新驱动扩散效应—创新驱动溢出效应"五大方面。在既有文献中，扩散效应和溢出效应常常被结合起来进行分析。实质上，创新扩散效应和溢出效应是两个完全不同的概念，前者是指创新形成的新思想、新技术在空间领域的传播，强调的是新思想或新技术本身应用规模的扩大，而后者是指由于新思想或新技术的扩散所产生的外部影响，是脱离创新成果产出物理属性的外部效应。于是，这五个在时间上继起、空间上并存的相互联系的阶段构成了中国特色创新驱动价值链，这为后续测度中国创新驱动指数提供了理论框架。

第一，从创新驱动认知基础来看，创新驱动包括科技设施基础、智力资本基础、制度环境基础和金融信贷基础。在创新驱动发展理念的指导下，强大而完备的科技设施条件是实现创新驱动的重要物质基础保障。首先，创新是一个复杂的体系，它建立在各种知识来源的基础之上，是从科学进步创造的机会中产生的，且越发依赖科学知识的进步[249]，创新及其推进和发展需要依靠完备的智力资本基础，人力资本（主要是高科技人才）是技术创新的源泉[250]。其次，制度环境犹如"无形之手"影响创新驱动价值链中的每一个环节，在不同的制度环境下，创新具有不同的表现形式和实现途径，而且制度创新能极大地优化科技资源配置，提高技术产出效率[250]。更进一步，体制机制的完善将会有效调动企业自主创新积极性，增强企业自主创新能力[251]。最后，金融信贷亦是创新发展的必要条件，其本质是给予企业家购买力以实现创新，进而创造出更多的购买力[249]，这是创新驱动不可或缺的物质资本基础。

第二，从创新驱动实现过程来看，主要包括创新驱动主体要素投入和成果产出两大方面，其实现依赖于创新驱动的三大主体——企业、研发机构、高校。经济发展最关键的内部因素是"生产手段的新组合"，实现"新组合"的主体是企业家[252]，于是，企业就成了企业家实现生产要素"新组合"的关键载体。然而，有研究表明在以创新效率的聚类分区中，企业创新高效区的省份较少，高校创新高效区和科研院所创新高效区的省份较多[253]，这就说明除了企业，研发机构与高校亦是实现创新的主体，而且研发机构是国家创新体系的重要组成部分，在区域创新发展及产学研合作过程中发挥了积极的促进作用[254]。高校作为科学和学术研究机构是创新发展中的重要引导力量[255]，此观点也得到相关学者的证实[256-258]。Mansfield（1995）[256]甚至发现，如果没有高校的学术研究，科技成果将会减少10%。实际上，解放科学技术是第一生产力，只有依靠大学和企业，科学家和企业家都进入孵化新技术阶段，并通过能力互补、需求匹配、相互耦合、共同作用实现协同创新[56]，才能加快科技成果转化为现实生产力的速度。本书以企业、研发机构和高等学校三大创新主体为出发点来衡量中国创新驱动水平，将更具全面性。

第三，从创新驱动扩散效应来看，它是创新过程中的一个后续子过程，包含两层含义：一是创新成果产出在企业内部通过生产规模不断扩大，增强其在社会中的影响力；二是创新成果产出在不同企业、地域以及国际间的传播促进了创新成果在各企业、地区和国家间的广泛应用。创新最直观的定义是提出创意并将其商业化，它强调的是创新成果的商业化用途和对经济的贡献。创新扩散是创新驱动价值链上不可缺少的延伸环节，一项成功的创新关键取决于其最终是否能够赢得市场，如果一项创新能够赢得市场，那么它就是成功的创新[259]，并将拥有强劲的扩散效应，更广的波及面、更长的传播过程、更大的应用市场和更强的创新驱动能力。在增强自身创新驱动能力的同时，扩散效应还体现在国外技术转移对本国创新驱动能力的提升上，尤其是在进一步扩大改革开放政策的引领下，充分利用全球资源推进技术创新，走协同、开放、跨越式创新道路，推进企业集群式创新和协同式创新[260]，全面提升中国创新驱动发展能力。

第四，从创新驱动溢出效应来看，创新驱动的溢出效应是创新驱动非自愿性扩散的结果，是创新驱动内含的先进技术、专利成果以及创新知识对整个宏观经济社会的影响。作为一个复杂系统，在承接创新成果产出以及在社会中实现扩散之后，其溢出效应将给社会带来两方面的反馈效应：一是负反馈，即创新驱动给社会带来的负面影响，正如19世纪马克思所论述的那样："每一种事物好像都包含有自己的反面，我们看到机器具有减少人类劳动和使劳动更有成效的神奇力量，然而却引起了饥饿和过度的疲劳"[261]。创新往往亦具有负面而又出人意料的作用[16]。现有文献主要体现在创新与失业及资源消耗方面，前者认为节省劳动力是创新的基本走势和基本形式[262]，此观点既未剔除"康德拉季耶夫经济停滞理论"所阐述的经济处于漫长萧条和停滞时期所带来的持续增加的失业，也未考虑由创新带来产业链延伸以及产业关联度增强而形成的新兴产业促进的就业增加，能否抵消因生产率提高而节省的劳动力。实际上，创新给劳动力市场带来的是一般技能劳动力过剩和高端劳动力短缺所形成的结构性失业，从而致使当下我国技术创新对就业的综合效应为负[263]。后者认为创新活动提升了各类自然资源的供需水平，导致自然资源消耗加剧[264]，严重影响了自然生态环境持续发展。二是创新驱动的正反馈，即创新通过前期阶段的成果产出和扩散效应改善了民生和经济增长等宏观环境。虽然现有文献证实了创新驱动溢出效应的正向反馈大于负向反馈，但只谈创新驱动的正向反馈效应而忽略负面反馈效应有违研究的整体性和全面性原则。因此，本章在测度创新驱动溢出效应时将综合考虑正负两个方面。之后，基于正负双重反馈路径的创新驱动溢出效应将影响创新驱动认知基础水平，由此形成新一轮更高水平，且具有加强效应的"五阶段"创新驱动价值链，强化中国创新驱动能力（见图5-1）。

二、中国创新驱动指数体系构建及指标说明

（一）中国创新驱动指数体系构建

创新驱动本身固有的复杂性决定了本章所构建的创新驱动指数体系不可能穷

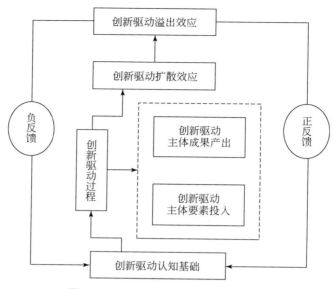

图5-1 "五阶段"创新驱动价值链

尽概念中所包含的方方面面，只是尽可能涵盖创新驱动价值链的主要维度，包括创新驱动认知基础、创新驱动主体要素投入、创新驱动主体成果产出、创新驱动扩散效应以及创新驱动溢出效应五大维度，据此笔者构建了中国创新驱动指数体系（见表5-1）。

表5-1 中国创新驱动指数体系

维度	分项指标	基础指标	单位	方向
A 创新驱动 认知基础	科技设施基础 A1	A11 举办科普讲座	次	正
		A12 每万人公共图书馆使用建筑面积	平方米	正
		A13 每平方千米长途光缆线路长度	米	正
	智力资本基础 A2	A21 普通高等学校专任教师数	万人	正
		A22 每十万人口高等学校平均在校生数	人	正
		A23 教育经费强度	—	正
	制度环境基础 A3	A31 国有化率	—	负
		A32 经济外向度（外贸依存度）	—	正
	金融信贷基础 A4	A41 金融信贷占比	—	正

续表

维度	分项指标	基础指标	单位	方向
B 创新驱动主体要素投入	企业 B1	B11 规模以上工业企业 R&D 人员全时当量	万人年	正
		B12 规模以上工业企业 R&D 经费内部支出强度	%	正
	研发机构 B2	B21 研发机构 R&D 人员全时当量	万人年	正
		B22 研发机构 R&D 经费内部支出强度	%	正
	高校 B3	B31 高等学校 R&D 人员全时当量	万人年	正
		B32 高等学校 R&D 经费内部支出强度	%	正
C 创新驱动主体成果产出	企业 C1	C11 规模以上工业企业新产品销售收入占比	—	正
		C12 规模以上工业企业有效发明专利数	件	正
	研发机构 C2	C21 研发机构发表科技论文数	篇	正
		C22 研发机构发明专利申请授权数	件	正
	高校 C3	C31 高等学校发表科技论文数	篇	正
		C32 高等学校发明专利申请授权数	件	正
D 创新驱动扩散效应	国内扩散 D1	D11 全国技术市场成交合同数	项	正
		D12 全国技术市场成交合同金额	亿元	正
	受国际扩散效应影响 D2	D21 国外技术引进合同数	项	正
		D22 国外技术引进合同金额	亿元	正
E 创新驱动溢出效应	正向溢出 E1	E11 人均国内生产总值	元	正
		E12 人均可支配收入	元	正
		E13 居民就业水平	—	正
	负向溢出 E2	E21 每万元国内生产总值能源消费量	千克标准煤/万元	负
		E22 城乡居民收入差距（泰尔指数）	—	负

资料来源：历年《中国统计年鉴》《中国科技统计年鉴》《中国固定资产投资统计年鉴》《中国金融年鉴》《中国教育统计年鉴》《中国文化文物统计年鉴》。

（二）指标选取与说明

由表 5-1 可知，创新驱动认知基础包括科技基础设施、智力资本基础、制度环境基础和金融信贷基础四个方面，能直接获取的数据此处不再一一罗列，仅对需要通过计算获取的指标进行说明，具体包括：

第一，在创新驱动认知基础环节所涉及的指标中，每万人公共图书馆使用建筑面积＝公共图书馆实际使用房屋建筑面积/年末人口总数；每平方千米长途光缆线路长度＝长途光缆线路长度/陆地面积；教育经费强度＝教育经费/GDP；国有化率＝国有经济固定资产投资/全社会固定资产投资，一般而言，较高的国有经济占比不利于地区市场竞争力以及创新驱动能力的提高，故表5-1中拟定其方向为负；经济外向度＝货物进出口总额/GDP；金融信贷占比＝各项贷款/GDP。

第二，创新驱动主体要素投入和成果产出主要是通过企业、研发机构和高校三大创新驱动主体的研发投入和产出来衡量，研发投入是推动创新驱动发展的人力和财力保障，有助于提升创新驱动能力，在表5-1中，R&D经费内部支出强度＝研发经费/GDP。与此对应，采用新产品销售收入占比、有效发明专利数、科技论文数和发明专利申请授权数衡量创新驱动主体成果产出。

第三，由于中国是一个开放的经济体，创新驱动扩散效应不仅受国内各地区技术水平扩散的直接影响，还受其他国家创新水平扩散的间接影响，而且其他国家创新扩散的影响越大，中国吸收国外先进技术就越多，对国内技术创新往往也就具有较大的带动和刺激作用，有助于推动创新水平与世界接轨，提高创新驱动能力，增强中国创新技术向国外扩散。据此，本章所讨论的创新驱动扩散效应包括国内扩散效应和受国际扩散效应影响两个方面，前者采用全国技术市场成交合同数与合同金额度量，后者采用国外技术引进合同数及合同金额度量。

第四，创新驱动的溢出效应包括正负两个方面，前者包括创新驱动所带来的经济增长、人民生活水平的提高以及就业形势的改善，后者包括创新驱动发展过程中所出现的能源消耗及社会不稳定等因素，其中，人均可支配收入＝（城镇居民人均可支配收入＋农村居民人均纯收入）/2，城乡居民收入差距指数采用王少平和欧阳志刚[265]的方法，计算公式为：

$$\text{incomegap}_t = \sum_{i=1}^{2} \left(\frac{I_{it}}{I_t}\right) \ln\left(\frac{I_{it}}{I_t} \Big/ \frac{N_{it}}{N_t}\right) \tag{5-1}$$

其中，incomegap_t 为 t 时期城乡居民收入差距指数，i＝1，2分别为城镇和农村地区，N_{it}、N_t、I_{it} 以及 I_t 分别为 t 时期城镇或农村人口数、总人口、城镇或农村地区收入以及总收入。所有数据来自历年《中国统计年鉴》《中国科技统计年鉴》《中国固定资产投资统计年鉴》《中国金融年鉴》《中国教育统计年鉴》以及《中国文化文物统计年鉴》，并采用插值法填补缺失数据，用货币度量的指标均以2000年为基期，剔除了价格因素的影响。

第二节　中国创新驱动指数的测算及分析

一、测算方法

在对多指标进行降维度、合成单一指标的过程中，常常采用熵值法、"逐级等权法"、主成分分析法以及层次分析法等设定权重。鉴于主成分分析法在确定权重问题上具有充分利用数据本身特征而非依赖主观判断等强客观性优势，本章将采用主成分分析法（Principal Component Analysis，PCA）测算中国创新驱动指数。由于各基础指标具有不可公度性，因此，一是需对所有指标进行同向化处理，即对负向指标取倒数，使其与总指数具有相同的变化趋势。二是需进行无量纲化处理，消除基础指标中的量纲和量级。此处需要说明的是，无量纲化处理的方法很多，但极值化方法仅与变量的最大值和最小值两个极端值有关，无法较好地反映其他变量信息；标准化方法因无量纲化之后的各变量具有同均值和同方差，使其在无量纲化的同时消除了各变量在变异程度上的差异，致使各变量的重要程度相同，影响权重的客观真实性；标准差化方法与标准化方法均会使各变量的重要性趋同，影响权重。而与以上三者不同的均值化方法在消除量纲和量级的同时保留了各变量取值差异程度上的信息，符合客观真实性。因此，本章采用均值化方法对原始变量进行无量纲化处理，均值化后的变量值为：

$$z_{ij} = x_{ij} / \overline{X_{ij}}, \quad \text{其中，} \ \overline{X_j} = \sum_{i=1}^{n} x_{ij} / n, \quad \text{由此可知，} \ \overline{Z_j} = \sum_{i=1}^{n} z_{ij} / n = 1 \text{。}$$

二、采用主成分分析法确定指标权重

本章以均值化后的协方差矩阵作为主成分分析的输入，消除了指标量纲和量级差异，也保留了各指标在离散程度上的特性。笔者利用 SPSS20.0 软件对中国创新驱动指标体系中各基础指标分别进行了主成分分析，各维度的方差分解情况如表 5-2 所示。五大维度在第一主成分中的方差贡献率分别达到 80.294%、84.765%、90.773%、70.944% 和 88.569%，第二主成分的提取使累积方差贡献率高达 91% 以上，所提取的主成分包含大部分原始信息，实现了对原始数据的良好替代，从而也说明采用主成分分析法确定基础指标权重，并以此测算中国创新驱动指数具有较强的现实客观性。

表 5-2　中国创新驱动指数各级指标方差分解

维度	成分	特征值	贡献率（%）	累积贡献率（%）
A 创新驱动认知基础	1	7.226	80.294	80.294
	2	1.268	14.086	94.380
B 创新驱动主体要素投入	1	5.085	84.765	84.765
	2	0.564	9.393	94.158
C 创新驱动主体成果产出	1	5.446	90.773	90.773
	2	0.515	8.584	99.375
D 创新驱动扩散效应	1	3.547	70.944	70.944
	2	1.011	20.226	91.170
E 创新驱动溢出效应	1	4.428	88.569	88.569
	2	0.339	6.788	95.357
中国创新驱动指数	1	4.824	96.472	96.472
	2	0.120	2.394	98.866

注：中国创新驱动指数相关数据是随后根据基础指标合成各维度指数，对各维度继续采用主成分分析法得到的提取结果。

由于第一主成分提取原始信息的能力最强，本章直接利用第一主成分确定权重，即将第一主成分系数除以其对应特征值的算术平方根，用所得到的单位特征向量作为基础指标的权重合成五大维度指数。之后继续采用主成分分析法确定各维度的权重，最终合成中国创新驱动指数。根据表 5-3 显示，中国创新价值链中五大维度的权重均在 0.45 左右波动，说明本章所确定的在时间上继起、空间上并存的五大维度均是构成中国创新驱动价值链的重要方面。

表 5-3　中国创新驱动指数各基础指标的权重确定

维度	基础指标	权重
A 创新驱动认知基础 （0.4507）	A11 举办科普讲座	0.3597
	A12 每百人公共图书馆使用建筑面积	0.3564
	A13 每平方千米长途光缆线路长度	0.3482

续表

维度	基础指标	权重
A 创新驱动认知基础 （0.4507）	A21 普通高等学校专任教师数	0.3590
	A22 每十万人口高等学校平均在校生数	0.3586
	A23 教育经费强度	0.3542
	A31 国有化率	0.3590
	A32 经济外向度	−0.0707
	A41 金融信贷占比	0.3248
B 创新驱动主体要素投入 （0.4539）	B11 规模以上工业企业 R&D 人员全时当量	0.4346
	B12 规模以上工业企业 R&D 经费内部支出强度	0.4381
	B21 研发机构 R&D 人员全时当量	0.4235
	B22 研发机构 R&D 经费内部支出强度	0.3140
	B31 高等学校 R&D 人员全时当量	0.4337
	B32 高等学校 R&D 经费内部支出强度	0.3907
C 创新驱动主体成果产出 （0.4435）	C11 规模以上工业企业新产品销售收入占比	0.3994
	C12 规模以上工业企业有效发明专利数	0.4058
	C21 研发机构发表科技论文数	0.4208
	C22 研发机构发明专利申请授权数	0.4079
	C31 高等学校发表科技论文数	0.3998
	C32 高等学校发明专利申请授权数	0.4152
D 创新驱动扩散效应 （0.4375）	D11 全国技术市场成交合同数	0.3255
	D12 全国技术市场成交合同金额	0.4959
	D21 国外技术引进合同数	−0.4949
	D22 国外技术引进合同金额	0.4173
E 创新驱动溢出效应 （0.4498）	E11 人均国内生产总值	0.4789
	E12 人均可支配收入	0.4633
	E13 居民就业水平	0.4700
	E21 每万元国内生产总值能源消费量	−0.4172
	E22 城乡居民收入差距（泰尔指数）	0.4253

第三节　中国创新驱动状态的基本判断及结论

一、宏观基准测度

此处，根据各基础指标的权重计算出各维度指数，最终合成中国创新驱动指数（见表5-4）。

表5-4　中国创新驱动指数及各维度指数测算结果

年份	A 创新驱动认知基础	B 创新驱动主体要素投入	C 创新驱动主体成果产出	D 创新驱动扩散效应	E 创新驱动溢出效应	中国创新驱动指数
2000	1.4881	1.5091	0.7336	0.3590	1.0884	2.3278
2001	1.6226	1.5969	0.8827	0.3339	1.1079	2.4922
2002	1.9590	1.7350	1.0252	0.6338	1.1167	2.9049
2003	2.1420	1.8059	1.1523	0.7113	1.1157	3.1094
2004	2.3001	1.8397	1.2901	0.8044	1.1483	3.3125
2005	2.4393	2.0387	1.4663	1.0720	1.1940	3.6813
2006	2.5464	2.1611	1.6635	1.1501	1.2398	3.9274
2007	2.6768	2.2413	1.8130	1.2167	1.3261	4.1568
2008	2.7578	2.3451	1.9843	1.2510	1.4251	4.3760
2009	2.9033	2.5828	2.3265	1.1869	1.4512	4.6850
2010	2.9835	2.7922	2.6707	1.3948	1.5262	5.0934
2011	3.1394	2.9068	3.1978	1.4267	1.6123	5.5022
2012	3.4286	3.1563	3.8895	2.1381	1.6677	6.3887
2013	3.7036	3.3276	4.2421	2.1708	1.7242	6.7865
2014	3.8735	3.4115	4.9117	1.8819	1.7719	7.0932
2015	4.0219	3.5036	5.9337	1.8337	1.8613	7.6742
2016	4.2367	3.5409	6.8683	2.1546	1.8584	8.3413

由表5-4可知，创新驱动认知基础、创新驱动主体要素投入、创新驱动主体成

果产出、创新驱动扩散效应以及创新驱动溢出效应和创新驱动指数均呈现上升的良好态势，仅创新驱动扩散效应指数在 2013 年之后存在小幅波动（见图 5-2）。

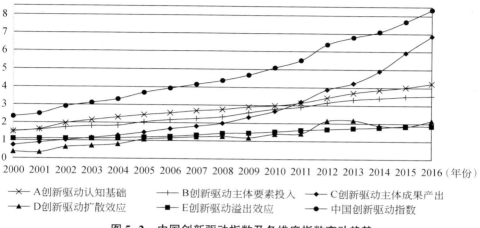

图5-2　中国创新驱动指数及各维度指数变动趋势

　　根据图 5-2，2000-2016 年，中国创新驱动指数稳步提升，这得益于创新驱动价值链上五大维度的共同支撑。就各维度来看，2000-2011 年是创新驱动"认知基础保障"和"要素投入拉动"双重推动阶段，其主导因素是创新驱动认知基础，说明在我国创新驱动发展初期，科技设施基础、人力资本基础、制度环境基础以及金融信贷基础是提升创新驱动能力的主要方面，与此配套的是创新驱动主体要素投入，二者一致的步调和趋势说明在前期创新驱动认知基础保障下，三大主体在创新投入要素方面的增加显著提升了中国创新驱动能力。2011 年之后，中国开始步入"创新驱动成果产出推动阶段"，前期的投入成效开始显现，并对中国创新驱动产生了较大的推动作用，并且，创新驱动成果产出与中国创新驱动指数的变化趋势大体一致，这将成为未来增强创新驱动能力的关键维度。此外，因存在时滞，虽然创新驱动扩散效应未能成为提升中国创新驱动指数的主导型维度，但其持续、稳定的增长将对未来创新驱动指数产生积极作用。创新扩散效应所带来的更具滞后性的溢出效应在整个研究区间一直保持着平稳缓慢的增长态势。

二、微观主体分析

　　在中国创新驱动发展过程中，具有能动作用的企业、研发机构和高校是推动创新的三大主体，三者协同促进创新驱动发展的观点已经被多数文献证实。但究竟哪一个才是推动创新驱动发展的最有力主体呢？以往研究对此很少涉及。于是，笔者将通过三大主体的投入与产出数据分别合成其创新贡献指数值，打开以往笼统研究创新主体的"黑匣子"，明确三大主体在创新驱动发展过程中的不同作用，具体的贡献指数变化情况如图5-3所示。

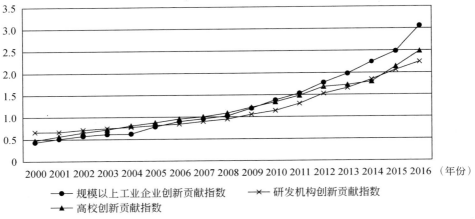

图5-3 三大创新主体的贡献指数变化趋势

　　根据图5-3可知，中国创新驱动三大主体的贡献度总体趋于一致，证实了三大创新主体协同推动中国创新驱动发展的论断。但其仍存在个体差异：一是三者的创新贡献指数曲线斜率不同，规模以上工业企业的创新贡献指数曲线的斜率最大，说明企业通过要素投入及产出所带来的创新驱动增长效应最大，是提升中国创新驱动价值链整体水平最有力的主体；高校次之，研发机构最小。二是推动创新的主体随时间演变有所更替，2000-2003年，研发机构对创新驱动发展的贡献最大，2003-2009年，提振创新驱动的主体为高校，之后企业成为推动中国创新驱动发展的主体，且该趋势一直持续。可见，推动中国创新驱动发展并具有主导创新贡献度的三大创新主体经历了从研发机构向高校，进而向规模以上工业企业的让渡。未来，研发机构应继续致力于关键领域的重大创新，高校应通过创新进一步释放教育改革红利，与企业共同推动中国全面实现创新驱动发展。

三、地区差异分析

在对我国各省份创新驱动指数进行测度时，因指标体系中所包含的指标较多，而西藏地区的数据缺失较为严重，因此，我们采用主成分分析法测度了2009-2016年除西藏地区、港澳台地区之外的30个省份的创新驱动指数，以此考察中国创新驱动能力的区域异质性（见表5-5）。

表5-5　2009-2016年中国各地区创新驱动指数

年份 地区	2009	2010	2011	2012	2013	2014	2015	2016	平均值
北京	1.9729	2.1638	2.3757	2.5925	2.7921	3.0182	3.7669	4.7025	2.9231
天津	0.6505	0.6478	0.7132	0.7567	0.8425	0.8573	0.8978	0.9293	0.7869
河北	0.3377	0.3573	0.3745	0.3819	0.3896	0.4056	0.4167	0.4431	0.3883
上海	1.4496	1.4694	1.5116	1.5654	1.5337	1.6363	1.6222	1.5995	1.5485
江苏	0.7975	0.8898	0.9381	1.0249	1.1028	1.1402	1.1883	1.3001	1.0477
浙江	0.7094	0.7664	0.7809	0.7996	0.8567	0.8801	0.9059	0.9674	0.8333
福建	0.5344	0.5761	0.5491	0.5673	0.6035	0.6063	0.6299	0.6929	0.5949
山东	0.5067	0.5399	0.5493	0.5734	0.6601	0.6971	0.7199	0.7499	0.6245
广东	1.0124	1.0772	1.0998	1.1995	1.3147	1.3497	1.5186	1.6992	1.2839
海南	0.6580	0.6143	0.5632	0.5271	0.5153	0.5173	0.4964	0.5353	0.5534
东部平均	0.8629	0.9102	0.9455	0.9988	1.0611	1.1108	1.2163	1.3619	1.0584
辽宁	0.5279	0.5516	0.5565	0.5725	0.5689	0.5746	0.5807	0.5901	0.5653
吉林	0.3488	0.3580	0.3673	0.3866	0.4106	0.3970	0.3850	0.4137	0.3834
黑龙江	0.3663	0.3749	0.3956	0.4016	0.4001	0.4062	0.4000	0.3939	0.3923
东北平均	0.4143	0.4282	0.4398	0.4536	0.4599	0.4593	0.4552	0.4659	0.4470
山西	0.2113	0.2184	0.2261	0.2283	0.2511	0.2422	0.2437	0.2546	0.2345
安徽	0.3573	0.3754	0.3967	0.4221	0.4555	0.4880	0.5159	0.5694	0.4475
江西	0.4161	0.4145	0.4148	0.4232	0.4245	0.4229	0.4274	0.4448	0.4235
河南	0.3681	0.3851	0.3954	0.4280	0.4593	0.4756	0.4808	0.5166	0.4386
湖北	0.4829	0.4789	0.4896	0.5271	0.6385	0.7028	0.7469	0.7849	0.6064
湖南	0.4255	0.4361	0.4330	0.4640	0.5078	0.5287	0.5344	0.5469	0.4845
中部平均	0.3769	0.3847	0.3926	0.4154	0.4561	0.4767	0.4915	0.5195	0.4392
内蒙古	0.1784	0.1828	0.1869	0.1999	0.2002	0.1952	0.1966	0.1967	0.1921

续表

年份 地区	2009	2010	2011	2012	2013	2014	2015	2016	平均值
广西	0.3867	0.3773	0.3848	0.3803	0.3853	0.4118	0.4488	0.4494	0.4031
重庆	0.3606	0.3708	0.3763	0.4039	0.4369	0.4491	0.4305	0.4725	0.4126
四川	0.4865	0.5203	0.5599	0.5839	0.6063	0.6587	0.6966	0.7319	0.6055
贵州	0.1727	0.1804	0.1846	0.1874	0.1882	0.2032	0.2150	0.2202	0.1940
云南	0.2701	0.2756	0.2904	0.3042	0.3181	0.3429	0.3712	0.3922	0.3206
陕西	0.4334	0.4305	0.4506	0.4784	0.5357	0.5551	0.5585	0.5924	0.5043
甘肃	0.2782	0.2738	0.2704	0.2763	0.2860	0.2850	0.2945	0.3048	0.2836
青海	0.2138	0.2327	0.2277	0.2048	0.1992	0.2162	0.2326	0.2083	0.2169
宁夏	0.1568	0.1611	0.1573	0.1602	0.1656	0.1721	0.1741	0.1813	0.1661
新疆	0.2544	0.2730	0.2774	0.2636	0.2566	0.2448	0.2278	0.2216	0.2524
西部平均	0.2902	0.2980	0.3060	0.3130	0.3253	0.3395	0.3497	0.3610	0.3228
全国平均	0.5108	0.5324	0.5499	0.5762	0.6102	0.6360	0.6775	0.7368	0.6037

根据表 5-5,我们可以得到如下几点事实:

第一,从时间趋势上来看,2009-2016 年,全国整体创新驱动指数的平均值从 2009 年的 0.5108 上升到 2016 年的 0.7368,年均增长 5.37%,上升趋势明显;各地区的创新驱动指数亦随时间逐年增加,这预示着伴随创新驱动发展战略的深入贯彻和落实,我国创新驱动能力有了明显增强,创新驱动发展战略已初显成效。

第二,从区域差异上来看,2009-2016 年,中国创新驱动指数的区域差异性较大,且呈明显的"东部高—中西部低"的特征。具体而言,东部地区创新驱动指数均值为 1.0584,明显高于全国平均水平 0.6037,东北地区的创新驱动指数平均值为 0.4470,中部地区的创新驱动平均值为 0.4392,西部地区的创新驱动平均值为 0.3228,均低于全国平均水平①。同时,根据 2009-2016 年全国整体、东部地区、东北地区、中部地区以及西部地区的创新驱动指数均值绘制其变化趋势(见图 5-4)。不难发现,中国创新驱动指数呈现稳定的东部地区高、东北和中西部地区偏低的现象,而且区域之间的创新驱动能力差异将在未来持续存在。

---

① 东部地区包括北京、天津、河北、上海、江苏、浙江、福建、山东、广东和海南;东北地区包括辽宁、吉林和黑龙江;中部地区包括山西、安徽、江西、河南、湖北和湖南;西部地区包括内蒙古、广西、重庆、四川、贵州、云南、陕西、甘肃、青海、宁夏和新疆。

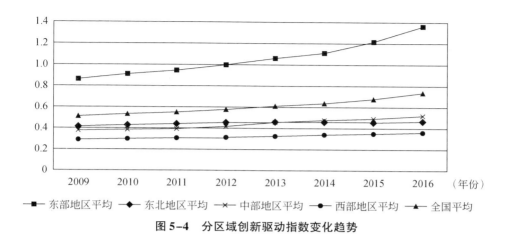

图5-4 分区域创新驱动指数变化趋势

第三，从省份差异上来看，2009-2016年，不同地区之间创新驱动指数的均值差距较大。其中，北京、上海、广东以及江苏等地的创新驱动指数一直名列前茅，均值分别为2.9231、1.5485、1.2839和1.0477，具有较高的创新驱动能力。同时，笔者根据30个省份2009-2016年创新驱动指数地区均值差异，可以直观发现各省份之间存在较大的创新驱动指数差异，创新驱动能力的地区非平衡性凸出，协同创新能力不强，此现象将有碍于未来创新驱动发展战略的全面实施（见图5-5）。

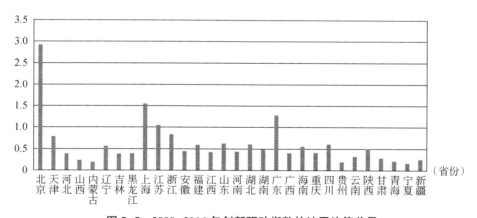

图5-5 2009-2016年创新驱动指数的地区均值差异

总体而言，2009-2016年，中国创新驱动指数不论在时间趋势、区域分布还是省份之间均呈现较大变化。虽然创新驱动指数呈明显上升趋势，但区域之间和省份之间仍然存在显著差异。

与此同时，为了在研究区间内比较创新驱动指数的发展变化，笔者根据表5-5中2009年和2016年的数据绘制图5-6可知，2009-2016年，绝大多数省份的创新驱动能力均有明显提升，说明中国创新驱动发展战略取得了一定成效。但各省份之间创新驱动能力存在很大差异，北京一家独大、上海、江苏以及广东稳居全国前列的现象持续存在，创新驱动能力的非平衡性较大，持续的地区固化现象将制约中国整体创新驱动能力的提升。

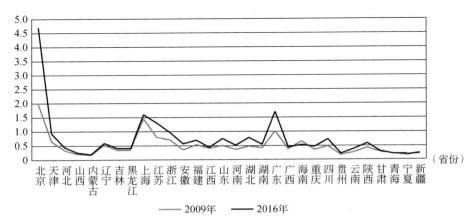

图5-6 2009年与2016年地区创新驱动指数变化

此外，根据2009年和2016年中国创新驱动指数绝对值变化可将总样本分为增加组（Z）和降低组（J），依据排名变化可分为上升组（U）、不动组（M）和下降组（D）。据此可将30个省份分为以下四组（见表5-6）：

表5-6 创新驱动指数的区域差异分类

变量分类		创新驱动指数（排名）		
		上升组（U）	不动组（M）	下降组（D）
创新驱动指数（绝对值）	增加组（Z）	天津、河北、山西、安徽、山东、河南、湖北、广东、重庆、四川、贵州、云南、陕西（13个）	北京、吉林、江苏、浙江、湖南、宁夏（6个）	内蒙古、辽宁、黑龙江、上海、福建、江西、广西、海南、甘肃（9个）
	降低组（J）	—	—	新疆、青海（2个）

注：括号中的数字表示包含的省份数量。

第一，Z-U 组包括天津、河北、山西、安徽、山东、河南、湖北、广东、重庆、四川、贵州、云南和陕西 13 个省份，可见，我国绝大多数省份在积极提升自身创新驱动能力的同时提升了在全国中的排名，创新驱动能力在绝对值和相对值两个方面均有提升，这是对创新驱动发展战略的良好践行。

第二，Z-M 组包括北京、吉林、江苏、浙江、湖南和宁夏 6 个省份，它们在稳固自身创新驱动发展地位的同时实现了创新驱动指数增长，特别是北京和江苏一直保持着强劲的创新驱动发展势头，强大的创新驱动能力为其他地区持续促进创新驱动发展起到了示范带头作用。

第三，Z-D 组包括内蒙古、辽宁、黑龙江、上海、福建、江西、广西、海南和甘肃，这 9 个省份的创新驱动指数均有所增加，但排名稍有下降，后续应继续提升创新驱动能力，向北京、广东等省份看齐。

第四，J-D 组包括新疆和青海 2 个省份，这 2 个省份因创新基础薄弱，出现了创新驱动指数与排名双下降的现象，后续应力争上游，实现创新突破发展。综上，各地区应破除自身发展瓶颈，采取适合自身优势的创新发展路径，提升整体创新驱动能力。

本章小结

本章基于"创新驱动认知基础—创新驱动主体要素投入—创新驱动主体成果产出—创新驱动扩散效应—创新驱动溢出效应"五大维度，利用主成分分析法对中国创新驱动指数进行了测算，研究得出：①中国创新驱动指数持续上升，创新驱动能力稳步增强；②中国创新驱动价值链经历了从"认知基础保障"和"要素投入"协同拉动阶段向"成果产出推动阶段"的推进，较高的创新成果产出将是提升创新驱动价值链的关键；③推动中国创新驱动发展并具有主导创新贡献度的三大创新主体经历了从研发机构向高校，进而向规模以上工业企业的让渡；④中国各地区之间的创新驱动能力差异较大，东部地区的创新驱动能力显著高于东北地区、中部地区和西部地区，而且长期的地区固化将进一步扩大该差距并制约中国全面实施创新驱动发展战略。未来中国应通过科技基础设施建设、人力资本投入、开放包容发展以及金融体制改革强化创新驱动认知基础，激励三大创新驱动主体协同发展，提高创新成果转化率，以强劲的创新驱动扩散效应和外溢效应增强中国创新驱动能力，实现经济高质量发展。

第六章　创新驱动对中国产业结构转型升级的直接效应

技术创新对产业结构升级具有关键作用[137]，广大学者对此已做了定性研究。根据第五章对中国创新驱动指数的测算结果可知，中国创新驱动指数整体呈现增长趋势，创新驱动能力稳步增强。但日益增强的创新驱动能力能否显著推动中国产业结构转型升级仍然面临诸多挑战与制约。首先，创新是一个过程变量，其最终实现往往依赖于优质的效率型创新资源，而我国大量的传统制造业产业至今仍未走出结构调整的路子，许多领域因缺乏具有自主知识产权的核心技术仍在价值链低端徘徊[266]。其次，中国创新发展取得了显著成效，创新能力得到了极大提高，但强劲的创新投入与创新环境建设并未很好地转化为现实经济价值，致使创新动力无法得到充分释放，经济发展水平与人民生活质量依然相对落后[266]。最后，随着经济增长进入新常态，产业发展因附加值低而逐渐失去竞争力但又难以向高附加值产业转型升级等[267]。可见，创新驱动促进中国产业结构转型升级过程中所面临的发展瓶颈以及产业结构"低端锁定"两大问题均与理论预期相左。如今，中国面临经济下行压力倍增、转型加速的客观现实，创新驱动究竟能否推动中国产业结构转型升级成为研究热点。本章笔者试图以中国创新驱动指数为解释变量，系统研究其对中国产业结构转型升级的影响。

第一节　模型构建与指标说明

一、模型构建

根据第五章测算出的中国创新驱动指数，明确了中国创新驱动能力的整体情况，但创新驱动对中国产业结构转型升级存在何种影响，影响是大是小？需通过构建数理模型做进一步深入探讨。首先，本章将基准模型设定为：

$$upis_{i,t} = \alpha_0 + \alpha_1 innov_{i,t} + \sum \beta x_{i,t} + \varepsilon_{i,t} \qquad (6-1)$$

其中，$upis_{i,t}$ 表示 i 地区第 t 期产业结构转型升级水平，本章将从产业结构高度化与合理化两方面进行测度。$innov_{i,t}$ 表示 i 地区第 t 期创新驱动水平。α_1 表示创新驱动对产业结构转型升级的影响系数；如果 $\alpha_1 > 0$，说明创新驱动能显著促进产业结构转型升级；如果 $\alpha_1 < 0$，说明创新驱动对产业结构转型升级具有抑制作用；如果 $\alpha_1 = 0$，则说明创新驱动对中国产业结构转型升级无明显影响。$x_{i,t}$ 表示一系列控制变量，包括经济发展水平、人力资本水平、信息化水平、基础设施建设水平、城市化进程以及对外开放程度。$\varepsilon_{i,t}$ 表示随机误差项。

但是，上述基准模型是基于创新驱动对中国产业结构转型升级的条件期望的影响，即是均值回归。实际上，我们更应该关注创新驱动对整个条件分布下的产业结构转型升级的不同影响，因为基准模型中的条件期望很难反映全部的条件分布。鉴于此，本章将采用面板分位数回归模型对基准模型进行拓展。"分位数回归"（Quantile Regression，QR）最早由 Koenker 和 Bassett[268] 提出，该模型具有以下两个优点：一是模型使用残差绝对值的加权平均值作为最小化的目标函数，不易受极端值的影响；二是该模型能估计出条件分布的若干重要的条件分位数，如 1/2、1/4 分位数等，能在不同的被解释变量分位数下，估计解释变量对被解释变量的不同影响。一般而言，普通静态面板分位数模型设定如下：

$$upis_{i,t} = \theta_i + \alpha_1(\tau_k) innov_{i,t} + \sum \beta(\tau_k) x_{i,t} + \varepsilon_{i,t} \qquad (6-2)$$

其中，τ 为观测的分位数点。考虑到产业结构的发展水平具有较大的惯性，在式（6-2）中加入产业结构转型升级水平的滞后一期能较好地识别这种惯性。于是，笔者将动态面板分位数模型设定为如下形式：

$$upis_{i,t} = \theta_i + \alpha_1(\tau_k) upis_{i,t-1} + \alpha_2(\tau_k) innov_{i,t} + \sum \beta(\tau_k) x_{i,t} + \varepsilon_{i,t}$$

$$(6-3)$$

二、指标说明

（一）被解释变量

本章中的被解释变量为产业结构转型升级水平，在具体测度时，本章将从产业结构高度化与合理化两个方面进行量化处理。其中，产业结构高度化反映的是产业结构根据经济发展的历史和逻辑序列从低水平状态向高水平状态顺次演进的动态过程。对产业结构高度化的测算，不同学者有不同的度量方法，有的学者基于克拉克定律，将非农产业比重作为产业结构高度化的代理变量；有的学者采用产业结构层次系数、Moore 结构变动指数、高新技术产业比重等指标来衡量。但这些指标均是从第一产业逐渐向第二产业、第三产业缓慢过渡的数量角度度量三大产业结构的演进，忽视了产业结构演进的本质，容易造成数量上的"虚高度化"。实际上，产业结构高度化除了量的增加，还包括质的提升。产业结构高度化的质涉及比例关系的演进和劳动生产率的提高两大内涵，只有当一个国家或者地区劳动生产率较高的产业所占的份额较大时，才表明该地区产业结构高度化水平较高[220]。随着中国经济进入高质量发展阶段，在质量层面强调较高劳动生产率的产业部门占有较高比例份额的高质量产业结构高度化将备受学者关注。因此，基于此理论内涵，本章从数量和质量两个层面对中国产业结构高度化的量与质进行测度，并借此研究创新驱动对产业结构高度化不同属性的差异化影响。其中，产业结构高度化的量（ais1）采用产业结构层次系数表示，即从份额比例上的相对变化刻画三大产业在数量层面的演进过程，具体计算式为：

$$ais1_{it} = \sum_{m=1}^{3} \frac{Y_{itm}}{Y_{it}} \times m, \quad m = 1, 2, 3 \tag{6-4}$$

其中，$ais1_{it}$ 表示 i 地区 t 时期产业结构高度化的量；$\frac{Y_{itm}}{Y_{it}}$ 表示 i 地区 t 时期第 m 产业占当地生产总值的比重；m 的取值为 1、2、3，分别表示地区第一、第二和第三产业。通过对不同产业占比赋予不同的数值，反映中国产业结构在比例份额从第一产业逐渐向第二、第三产业演化的过程，是产业结构高度化的量的内涵。

此外，借鉴刘伟等[220]的做法，将产业结构高度化的质（ais2）的内涵界定为产业之间的比例关系与各产业劳动生产率的乘积加权值，并以此刻画产业结构向劳动生产率更高且其占比更大的方向演进的本质特征，即较高劳动生产率的产业应具有较高的占比。产业结构高度化的质的具体计算式为：

$$ais2_{it} = \sum_{m=1}^{3} \frac{Y_{itm}}{Y_{it}} \times \frac{Y_{itm}}{L_{itm}}, \quad m = 1, 2, 3 \tag{6-5}$$

其中，Y_{itm} 表示 i 地区 t 时期第 m 产业的增加值；L_{itm} 表示 i 地区 t 时期第 m 产业的就业人数；$\dfrac{Y_{itm}}{L_{itm}}$ 表示 i 地区 t 时期第 m 产业的劳动生产率，考虑到劳动生产率具有量纲，本章采用均值化方法进行了无量纲化处理，其他变量的解释同式（6-4）。

产业结构合理化是加强产业间协调能力、提高产业间关联水平的动态演化过程，既是产业之间协调程度的反映，也是资源有效利用程度的反映，是对要素投入结构和产出结构耦合程度的一种衡量[82]。在现有研究中，涉及产业结构合理化的定量研究并不多，其指标的确定也尚未统一，有些学者以钱纳里等倡导的标准产业结构为依据，采用 Hamming 贴近度指标来度量区域产业结构合理化程度，但该指标所涉及的三次产业结构标准模式中各产业产值比例并非适合中国实际情况，致使得出的结果往往存在偏差；另一些学者采用产业结构偏离度来进行测度，但该方法未能体现三次产业的经济地位，不能准确反映处于经济转型时期中国产业结构的合理化水平。本章借鉴泰尔指数兼备测度变量之间偏差以及偏差的重要性的优势，结合泰尔指数来测度各地区产业结构合理化程度，该指数将兼顾度量不同产业产值与就业之间的结构偏差以及各产业在经济中的不同重要性这两个方面。具体计算式为：

$$\text{theil}_{it} = \sum_{m=1}^{3} \left(\frac{Y_{itm}}{Y_{it}} \right) \ln \left(\frac{Y_{itm}/Y_{it}}{L_{itm}/L_{it}} \right), \quad m = 1, 2, 3 \qquad (6-6)$$

其中，L_{itm}/L_{it} 表示 i 地区 t 时期第 m 产业从业人员占当地就业人员的比重，其他指标的解释同式（6-4）和式（6-5）。产业结构泰尔指数是对中国三大产业的产值结构与人员就业结构是否协调发展的反映，该指标是一个逆向指标，若该指标值为 0，说明三大产业产值结构与就业结构无偏差，产业结构处于均衡水平，产业结构是合理的；若不为 0，说明产业结构偏离均衡状态，产业结构不合理。

（二）核心解释变量

本章的核心解释变量是创新驱动指数，是上一章基于"创新驱动认知基础—创新驱动主体要素投入—创新驱动成果产出—创新驱动扩散效应—创新驱动溢出效应"五大维度测算的中国创新驱动指数，该变量整体上反映了中国创新驱动发展能力的强弱。

（三）控制变量

在明确界定了解释变量与被解释变量的测算方法之后，为了防止遗漏变量给估计结果带来偏误，本章还加入了其他控制变量，包括：①政府规模。在产业结构转型升级过程中，政府基于"拾遗补缺"原则通过生产要素在不同产业间的合理配置促进产业结构向高技术化、高知识化、高资本密集化和高附加值化发展[269]，本章采用政府一般公共财政支出占地区生产总值比重测度政府规模，以此表示政府调整产业结构的强度。②经济发展水平。一个地区的经济发展水平高低直接影响该地区产业转型的方向和速度，本章采用人均 GDP 增长率指标度量地区经济发展水平。③信息化水平。在中国经济发展过程中，信息化水平的提高对推动产业结构转型升级具有重要作用[270-271]，本章采用邮电业务总量占地区生产总值的比重测度各城市信息化水平，具体包括邮政、长途电信、本地电话等各项主营业务收入和其他国有通信收入，是对一个地区信息化整体水平的全面度量。④人力资本水平。人力资本是产业结构转化的基础，决定了产业结构转化的速度、方向和效果[272-273]，随着人力资本水平不断提高，人力资本积累效应和外部效应将通过调整经济发展所依赖的比较优势，促使中国不断进入更高级的产业，顺利实现经济增长和产业结构转型升级[274]，本章借鉴已有文献的普遍做法，采用每万人中普通高等学校在校学生数测度各地人力资本水平。⑤基础设施建设水平。根据新结构经济学基本理论框架[275]，在不同的经济发展阶段，经济体的产业结构会因要素禀赋结构变化而不同，这使每一种产业结构都需要与之配套的基础设施促进其运行和交易，因此，基础设施建设也会对产业结构转型升级产生影响，本章采用人均公路里程数测度基础设施建设水平。⑥城市化进程。健康的城市化发展能加快产业结构的调整和升级[276]，尤其是近些年来，伴随中国经济的不断发展及城市化进程的不断加快，城市化水平越来越成为制约地区产业结构转型升级的重要因素。对其具体测度多采用城镇人口与地区总人口之比[277-278]，本章采用城镇人口数与地区年末总人口数的比值进行测算。⑦对外开放度。开放度是测度一个经济体与其他经济体之间的交流强度，在技术扩散、"干中学"等方式的积极引导下，对外开放程度的持续加深，会加速技术进步，提高全要素生产率[86,279]，在此过程中，伴随投资流入所带来的先进技术、现代化管理知识及其产生的溢出效应、竞争效应、产业集群效应、人力资源效应、研发国际化效应[280]，提高了我国工业部门技术进步和劳动力生产率，推动了产业结构优化升级，已成为影响我国产业结构转变的重要因素[281]。本章采用进出口总额与地区生产总值之比测度各地区在产业结构转型升级过程中的开放程度，需要说明的是对外开放程度是以美元为单位，本章以人民币兑美元的平均汇率对其进行换算，之后再计算其与地区 GDP 的比值（见表6-1）。

表6-1　变量的描述性统计

变量类型	变量名称	样本值	均值	标准差	最小值	最大值
被解释变量	产业结构高度化的量（ais1）	240	2.2193	0.1606	1.9663	2.7365
	产业结构高度化的质（ais2）	240	1.2585	0.3625	0.7054	2.4631
	产业结构合理化（theil）	240	0.0841	0.0861	0.0015	0.4510
解释变量	创新驱动指数（innov）	240	0.6037	0.5591	0.1568	4.7025
控制变量	政府规模（gov）	240	0.2364	0.0997	0.0964	0.6269
	经济发展水平（pergdp）	240	1.0551	0.4793	0.4241	2.5418
	人力资本水平（human）	240	183.5411	52.8646	78.5609	334.7939
	信息化水平（inform）	240	0.0429	0.0242	0.0143	0.1190
	基础设施建设（infrastr）	240	35.9958	21.7387	5.1477	132.5211
	城市化进程（urban）	240	0.5456	0.1280	0.3210	0.8960
	对外开放程度（open）	240	0.2878	0.3389	0.0301	1.5482

资料来源：历年《中国统计年鉴》《中国科技统计年鉴》。

第二节　实证结果与分析

一、基准模型检验

在对模型进行回归之前，为了直观观察创新驱动（innov）对中国产业结构高度化的量（ais1）、产业结构高度化的质（ais2）以及产业结构合理化（theil）的影响，笔者绘制了四者之间的散点图（见图6-1）。根据图6-1可以清晰地观察到，创新驱动对产业结构高度化的量与质均具有积极影响，而对产业结构泰尔指数的影响在方向上为负，即创驱动能抑制产业结构偏离均衡状态，有助于产业结构合理化。

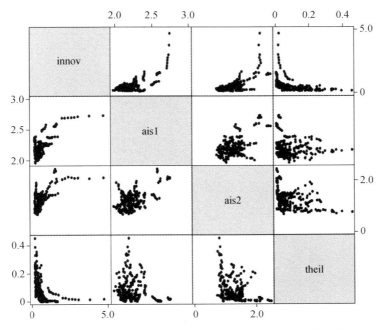

图 6-1　创新驱动对中国产业结构转型升级分维度的影响

之后，笔者采用普通最小二乘法（OLS）对基准模型进行估计（见表 6-2）。在加入控制变量之前，创新驱动对中国产业结构高度化的量（lnais1）、产业结构高度化的质（lnais2）与产业结构泰尔指数（lntheil）的估计系数分别为 0.0335、0.3384 和-1.9079，且均在 1% 的水平下显著。加入控制变量后，估计系数分别变为 0.0310、0.1731 和-1.4933，均在 5% 的水平下显著，仅从 OLS 回归结果来看，似乎说明创新驱动既能促进中国产业结构高度化的量与质，同时也有助于抑制产业结构偏离均衡状态，带动产业结构合理化，就总体而言，有助于促进产业结构转型升级。

表 6-2　创新驱动对产业结构转型升级影响的普通最小二乘估计

变量	lnais1 （1）	lnais2 （2）	lntheil （3）	lnais1 （4）	lnais2 （5）	lntheil （6）
lninnov	0.0335 *** （4.78）	0.3384 *** （8.98）	-1.9079 *** （-9.87）	0.0310 *** （3.73）	0.1731 *** （4.92）	-1.4933 ** （-5.95）

变量	lnais1 （1）	lnais2 （2）	lntheil （3）	lnais1 （4）	lnais2 （5）	lntheil （6）
lngov				0.0384 ***	0.0104	−0.9487 **
				（3.01）	（0.20）	（−2.62）
lnpergdp				−0.0673 ***	0.7587 ***	−0.2168
				（−3.64）	（10.22）	（−0.41）
lnhuman				0.0352 **	−0.0077	−1.1458 **
				（2.71）	（−0.14）	（−3.00）
lninform				0.0049	−0.0163	0.2272 **
				（1.80）	（−1.37）	（2.67）
lninfrastr				−0.0478 **	0.2965 ***	−0.3849
				（−3.63）	（6.07）	（−1.11）
lnopen				0.0082 *	0.0123	0.1423
				（1.97）	（0.66）	（1.06）
_ cons	0.8197 ***	0.4432 ***	−4.5127 ***	0.8856 ***	−0.6486 *	2.5858
	（70.96）	（9.29）	（−20.71）	（12.22）	（−2.13）	（−1.19）
N	240	240	240	240	240	240
R²	0.0533	0.2402	0.3082	0.2762	0.6339	0.5090

注：①＊、＊＊、＊＊＊分别表示在10%、5%、1%的水平下显著；②括号内为 t 统计值；③本章下表同。

但考虑到普通最小二乘估计模型所要求的假设在现实中难以满足，所得结果可能不太准确，所以最终结论有待进一步验证。因此，笔者根据豪斯曼检验结果，选择固定效应模型对基准方程重新进行估计（见表6-3）。此时，固定效应模型估计结果的拟合优度明显高于普通最小二乘估计，说明固定效应模型回归结果更为可靠。具体而言，在未加入控制变量时，创新驱动指数对产业结构高度化的量、产业结构高度化的质与产业结构泰尔指数的影响系数分别为0.0264、0.3867和−2.7093，且分别在10%、5%和1%的水平下显著。当加入控制变量之后，创新驱动对产业结构高度化的量的估计系数为0.0248，在10%的水平下显著。对产业结构高度化的质的估计系数为0.2631，在5%的水平下显著；对产业结构泰尔指数的估计系数为−0.9763，但不显著。这说明创新驱动仅能显著促进产业结构高度化的量与质，而对产业结构合理化无明显促进作用，即创新驱动并未有效推动中国产业结构转型升级。主要原因在于，推动产业结构转型升级的根本性原因是要素从低效率部门向高效率部门的转移，创新资源的空间重置会进一步影响技术创新的效率[282]。本章所使用的创新驱动是一个综合指数，在创新驱动认知基础、要素投入、成果产出、扩散效应以及溢出效应五大维度共同作用下，通过改变传统创新发展理念、提高自主创新能力、改进生产工艺流程等大大提高了各产业劳动生产率，显著推动了产业结构高度化。但实际上，在市场机制作用下，生产要素在部门之间的进入与退出存在时滞，并非理想状态下那般高效、顺畅[282]，从而阻碍了创新资源的自由流动与合理配置，特别是目前我国存在体制与市场分割并存的劳动力市场分割结构[283]，有碍于劳动力在地区间自由流动，从而加剧了各地区劳动力就业结构与产值结构之间的偏离程度，对产业结构合理化具有不利影响。总体而言，也将不利于产业结构整体转型升级，这给未来的产业发展带来了挑战。

表6-3 创新驱动对产业结构转型升级影响的固定效应模型估计

变量	lnais1 (1)	lnais2 (2)	lntheil (3)	lnais1 (4)	lnais2 (5)	lntheil (6)
lninnov	0.0264 * (2.20)	0.3867 ** (3.52)	−2.7093 *** (−4.08)	0.0248 * (2.40)	0.2631 ** (2.85)	−0.9763 (−1.62)
lngov				0.0151 (0.78)	−0.0900 (−0.87)	−1.4551 * (−2.05)
lnpergdp				−0.1632 *** (−4.08)	0.8130 *** (5.70)	0.6805 (0.71)
lnhuman				−0.0006 (−0.01)	−0.0679 (−0.58)	0.3456 (0.47)
lninform				−0.0025 (−0.71)	−0.0129 (−0.99)	0.2051 * (2.18)
lninfrastr				0.0394 (1.25)	0.3865 * (2.63)	−3.8190 * (−2.22)
lnopen				0.0103 (1.49)	0.0172 (0.69)	0.1039 (0.51)

变量	lnais1 （1）	lnais2 （2）	lntheil （3）	lnais1 （4）	lnais2 （5）	lntheil （6）
_cons	0.8144 *** （91.41）	0.4791 *** （5.86）	−5.1090 *** （−10.35）	0.7099 *** （3.74）	−0.7090 （−1.08）	6.1164 （1.28）
N	240	240	240	240	240	240
R^2	0.0533	0.2402	0.3082	0.4070	0.6440	0.5753

二、稳健性检验

就上述基准模型估计结果而言，往往会因为模型中存在的内生性问题而导致估计结果存在偏误，需对此进行稳健性检验。笔者采用两种方法进行稳健性检验：一是采用能有效降低内生性问题的系统广义矩估计（SYS-GMM）；二是采用解释变量滞后期对模型进行重新估计（见表6-4）。首先，本章以解释变量与被解释变量的滞后一阶作为内生解释变量，采用系统广义矩估计 SYS-GMM 方法对基准模型进行重新估计，由表6-4中第（1）-（3）列可知，创新驱动对产业结构高度化的量的估计系数显著为正，对产业结构高度化的质的估计系数虽然在统计显著性上较弱，但数值方向依然为正，总体显示创新驱动能促进产业结构高度化，但对产业结构合理化的影响不显著，说明创新驱动并未有效推动中国产业结构转型升级。其次，考虑到当期创新驱动指数对下一期产业结构转型升级水平无直接影响，笔者以解释变量滞后一期作为核心解释变量对基准模型进行再估计，由表6-4中第（4）-（6）列可知，创新驱动的滞后项依然仅对产业结构高度化的量和质具有促进作用，而对产业结构合理化无显著影响。由此可见，根据两种不同的方法，所得结论均与基准模型一致，从而证实了基准模型所得创新驱动仅能显著促进产业结构高度化的量和质，即仅能促进产业结构高度化，而对产业结构合理化无明显作用。也就是说，创新驱动仅促进了中国产业结构"虚高度化"，而未有效推动产业结构转型升级的结论是稳健可靠的。

表6-4 稳健性检验

变量	SYS-GMM			解释变量滞后一期		
	lnais1 （1）	lnais2 （2）	lntheil （3）	lnais1 （4）	lnais2 （5）	lntheil （6）
lninnov	0.0097** （2.45）	0.0121 （0.44）	0.2573 （1.16）			
L. lninnov				0.0317** （2.34）	0.2515*** （3.14）	−0.8970 （−1.25）
control	YES	YES	YES	YES	YES	YES
L. depen	0.9555*** （16.49）	0.6225*** （13.98）	0.9766*** （30.64）			
AR（1）	−3.4334 [0.0006]	−1.5259 [0.1270]	−1.2803 [0.2004]			
AR（2）	0.2751 [0.7832]	0.3122 [0.7549]	0.7361 [0.4617]			
Chi2（31） Prob>chi2	27.9915 [1.0000]	25.4357 [1.0000]	20.7760 [1.0000]			
_cons	−0.1364 （−1.41）	0.3221* （1.75）	0.7827 （0.76）	0.7127*** （3.12）	−0.9846 （−1.53）	9.0851 （1.83）
N	210	210	210	210	210	210
R^2				0.4228	0.4942	0.5541

三、面板分位数回归检验

通常我们在研究解释变量 x 对被解释变量 y 影响的回归模型中，估计结果实际显示的是均值回归，即是 x 对 y 的条件期望 E（y｜x）的影响。但实质上，我们真正关心的是 x 对整个条件分布 y｜x 的影响，而条件期望 E（y｜x）刻画的只是条件分布 y｜x 集中趋势的一个指标。如果条件分布 y｜x 不是对称分布（Symmetric Distribution），则条件期望 E（y｜x）将很难反映整个条件分布的全貌。如果能估计出条件分布 y｜x 的若干重要分布分位数，比如中位数、1/4 分位数、3/4 分位数等，则就能对条件分布 y｜x 有更加全面的认识，同时也能更好地克服使用 OLS 古典 "均值回归" 易受极端值影响的弊端。[①] 因此，此部分将采用 Koenker 和 Bassett[268] 提出的 "分位数回归" 进行回归分析。

对此，根据式（6-3），本章采用动态面板分位数回归模型继续进行估计。根据表6-5可知，在产业结构高度化的量的10%分位数上，创新驱动的估计系数为−0.0310，统计上不显著。随着产业结构高度化的量的水平提高，创新驱动对25%和50%分位数上的产业结构高度化的量的估计系数分别为0.0044和0.0163，均显著为正，这说明创新驱动有效地促进了中国产业结构高度化的量。创新驱动对75%分位数和90%分位数上产业结构高度化的量的促进作用的显著性有所降低，即创新驱动对高分位数上的产业结构高度化的量的促进作用逐渐减弱，这意味着要继续显著推动高分位数上的产业结构高度化的量，需进一步提升中国创新驱动能力。

表6-5　创新驱动对产业结构高度化的量的面板分位数回归

变量	10% （1）	25% （2）	50% （3）	75% （4）	90% （5）
lninnov	−0.0310	0.0044 ***	0.0163 ***	0.0354	0.0133
control	YES	YES	YES	YES	YES
Sta. Err	0.0813	0.0012	0.0055	0.0235	0.0080
t 值	−0.38	3.69	2.97	1.51	1.66
p 值	0.703	0.000	0.003	0.132	0.098
N	210	210	210	210	210

根据表6-6可知，当产业结构高度化的质处于10%较低分位数时，创新驱动的估计系数在数值上为负，而随着产业结构高度化的质不断提高，创新驱动对25%分位数上的产业结构高度化的质具有显著的促进作用，而对50%、75%和90%分位数上的产业结构高度化的质的估计系数不显著，这意味着要持续推动高分位数上的产业结构高度化的质，同样需要继续提高我国的创新驱动能力。

---

① 陈强. 高级计量经济学及 Stata 应用 [M]. 北京：高等教育出版社，2014.

表6-6　创新驱动对产业结构高度化的质的面板分位数回归

变量	10% (1)	25% (2)	50% (3)	75% (4)	90% (5)
lninnov	−0.0191**	0.1082***	0.0334	0.0100	0.0034
control	YES	YES	YES	YES	YES
Sta. Err	0.0083	0.0394	0.0201	0.0076	0.0053
t 值	−2.29	2.75	1.66	1.32	0.64
p 值	0.022	0.006	0.098	0.187	0.524
N	210	210	210	210	210

根据表6-7可知，创新驱动仅能显著抑制25%分位数上的产业结构泰尔指数和产业结构偏离均衡水平，进而推动产业结构合理化。当位于产业结构泰尔指数的其他分位数上时，创新驱动并未对产业结构合理化产生积极影响，甚至具有显著的负向作用。总体而言，创新驱动并未推动中国产业结构合理化。

表6-7　创新驱动对产业结构合理化的面板分位数回归

变量	10% (1)	25% (2)	50% (3)	75% (4)	90% (5)
lninnov	0.3515***	−0.3319***	1.0778**	0.0181***	−0.0467
control	YES	YES	YES	YES	YES
Sta. Err	0.0037	0.0057	0.4176	0.0010	0.0866
t 值	−94.11	−57.75	2.58	17.95	−0.54
p 值	0.000	0.000	0.010	0.000	0.590
N	210	210	210	210	210

综上所述，创新驱动对不同分位数上的产业结构转型升级分维度具有差异化影响，但整体上能显著促进较低分位数上的产业结构高度化的量与质，对高分位数上的产业结构高度化的促进作用则因创新驱动能力较弱而未完全体现，创新驱动仅显著促进了25%分位数上的产业结构合理化。总体而言，创新驱动未能有效推动中国产业结构转型升级，这进一步肯定了基准模型所得结论的稳健性与可靠性。

第三节 异质性检验

一、维度异质性检验

既然创新驱动并未有效推动中国产业结构转型升级，那么，就有必要详细探讨中国创新驱动指数各维度对产业结构转型升级的差异化影响，借以发现创新驱动在推动产业结构转型升级过程中存在的问题，以此为后续发展提供有益建议。本章以创新驱动五大维度分别作为解释变量进行回归（见表6-8至表6-12）。

根据表6-8可知，创新驱动认知基础（lnA）对产业结构高度化的量、产业结构高度化的质以及产业结构泰尔指数的估计系数分别为 -0.0112、0.0913 和 -0.4703，在统计上均不显著，说明创新驱动认知基础对推动中国产业结构转型升级并无显著影响。

表6-8 创新驱动认知基础对产业结构转型升级的影响

变量	lnais1 （1）	lnais2 （2）	lntheil （3）
lnA	-0.0112 （-1.02）	0.0913 （1.08）	-0.4703 （-1.27）
control	YES	YES	YES
_ cons	0.6572^{**} （3.57）	-0.8549 （-1.30）	6.3988 （1.40）
N	240	240	240
R^2	0.3849	0.5862	0.5572

根据表6-9可知，创新驱动主体要素投入（lnB）对产业结构高度化的量、产业结构高度化的质和产业结构泰尔指数的估计系数分别为 -0.0049、0.1121 和 -1.4494，仅后者在5%的水平下显著，说明创新驱动主体要素投入仅能显著抑

制产业结构偏离均衡水平，进而推动产业结构合理化。整体而言，创新驱动主体要素投入并无明显的产业结构转型升级效应。

表6-9　创新驱动主体要素投入对产业结构转型升级的影响

变量	lnais1 （1）	lnais2 （2）	lntheil （3）
lnB	−0.0049 （−0.50）	0.1121 （1.57）	−1.4494** （−3.37）
control	YES	YES	YES
_ cons	0.6668** （3.37）	−0.7531 （−1.01）	3.6825 （0.81）
N	240	240	240
R²	0.3804	0.5919	0.6117

由表6-10可知，创新驱动主体成果产出（lnC）对产业结构高度化的量、产业结构高度化的质以及产业结构泰尔指数的估计系数分别为0.0119、0.0821和−0.7789，且均在5%的水平下显著，说明创新驱动主体成果产出能显著促进产业结构高度化的量与质，并抑制产业结构偏离均衡状态而实现产业结构合理化，在整体上能有效推动中国产业结构转型升级。

表6-10　创新驱动主体成果产出对产业结构转型升级的影响

变量	lnais1 （1）	lnais2 （2）	lntheil （3）
lnC	0.0119** （2.81）	0.0821** （2.82）	−0.7789** （−3.50）
control	YES	YES	YES
_ cons	0.8501*** （4.42）	0.1469 （0.21）	−3.8849 （−0.80）
N	240	240	240
R²	0.4182	0.6173	0.6437

根据6-11可知,创新驱动扩散效应(lnD)仅对产业结构高度化的质在5%的水平下显著为正,说明创新驱动扩散效应仅能显著促进产业结构高度化的质,而对产业结构高度化的量和产业结构合理化均无明显促进作用,整体上并未有效推动中国产业结构转型升级。

表6-11 创新驱动扩散效应对产业结构转型升级的影响

变量	lnais1 (1)	lnais2 (2)	lntheil (3)
lnD	0.0093 (1.75)	0.1492** (3.16)	−0.0610 (−0.18)
control	YES	YES	YES
_cons	0.6996** (3.52)	−0.7075 (−1.34)	7.1925 (1.48)
N	240	240	240
R^2	0.3916	0.6461	0.5519

根据表6-12可知,创新驱动溢出效应(lnE)仅推动了产业结构高度化的量,但对产业结构高度化的质与产业结构合理化均无显著促进作用。总体而言,创新驱动溢出效应依旧未能整体推动产业结构转型升级。

表6-12 创新驱动溢出效应对产业结构转型升级的影响

变量	lnais1 (1)	lnais2 (2)	lntheil (3)
lnE	0.0187* (2.34)	0.0433 (0.46)	−0.3898 (−0.83)
control	YES	YES	YES
_cons	0.8591*** (4.29)	0.7072 (0.71)	−4.0331 (−0.61)
N	240	240	240
R^2	0.4230	0.6162	0.5979

由此可见,在中国创新驱动价值链五大维度中,仅创新驱动主体成果产出

能显著推动中国产业结构转型升级，这说明虽然我国创新驱动指数随时间逐年上升，但是创新驱动价值链内部五大维度之间存在较大差异，相互之间并未协同发展形成推动中国产业结构转型升级的创新驱动链。其中，创新驱动认知基础、创新驱动主体要素投入、创新驱动扩散效应以及溢出效应并不是目前推动中国产业结构转型升级的关键维度，这可能与创新驱动认知基础薄弱、主体要素投入质量较低、创新成果产出的转化率不高有关，这种创新驱动成果产出丰富与创新驱动的产业结构转型升级效应迟滞的矛盾印证了以创新推动中国产业转型升级乏力的客观现实，并反映出中国创新驱动仍然面临较大的发展瓶颈。未来应持续完善创新驱动认知基础、优化创新驱动主体要素投入结构，提高创新驱动主体成果产出的市场化率和产业化率，增强我国创新驱动扩散效应和溢出效应，提升创新驱动价值链上五大维度的协同发展，共同推动中国产业结构转型升级。

二、强度异质性检验

创新驱动对产业结构转型升级的影响具有维度异质性是，这种维度异质性是否也因创新驱动强度不同而存在差异呢？本章通过对 2009-2016 年中国创新驱动指数总体样本进行排序，并根据中位数将总样本划分为"创新驱动高组"和"创新驱动低组"分别进行回归（见表6-13）。

表6-13 创新驱动对产业结构转型升级影响的强度异质性检验

变量	创新驱动高组			创新驱动低组		
	lnais1	lnais2	lntheil	lnais1	lnais2	lntheil
	（1）	（2）	（3）	（4）	（5）	（6）
lninnov	0.0318 **	0.2337 *	0.1239	−0.0346	0.1368	−1.2525
	（3.50）	（2.80）	（0.25）	（−1.25）	（0.66）	（−1.87）
control	YES	YES	YES	YES	YES	YES
_cons	0.5828 ***	−2.2922 *	0.6578	0.6404 *	0.3048	4.3371
	（6.51）	（−2.64）	（0.18）	（2.46）	（0.38）	（0.75）
N	120	120	120	120	120	120
R^2	0.5201	0.6305	0.6140	0.4922	0.6798	0.6614

根据表6-13可知，创新驱动指数的强度对产业结构转型升级具有明显的差异化影响。第一，就创新驱动高组而言，根据表6-13中第（1）-（3）列可知，创新驱动依然能显著促进产业结构高度化的量和质，证实了基准模型所得结论，从而进一步说明随着中国创新驱动指数持续增大，创新驱动能力不断提升有助于劳动生产率的提高，能有效促进产业结构高度化的量和质，但由于原有体制机制本身的路径依赖以及中国普遍存在的市场分割等制度壁垒阻碍了资源要素的充分自由流动，不利于产业结构合理化。因此未能体现创新驱动对产业结构合理化的积极作用。第二，对于创新驱动低组而言，根据表6-13中第（4）-（6）列可知，创新驱动低组无论对产业结构高度化的量和质，还是产业结构合理化均无显著影响，即由于创新驱动能力偏低，其并未很好地促进中国产业结构转型升级。未来应增强中国创新驱动能力，破解创新驱动高组的产业结构高度化效应瓶颈，同时加强要素跨地区、跨部门充分自由流动和产业关联，推动产业结构合理化。

三、区域异质性检验

根据第五章所得结论可知，中国创新驱指数存在显著的区域性差异，东部地区创新驱动指数普遍高于中西部地区。那么，创新驱动的区域性差异是否会对产业结构转型升级带来不同影响呢？对此，本章基于东部和中西部地区两个分样本，检验了创新驱动对产业结构转型升级的异质性（见表6-14）。

根据表6-14中第（1）列和第（4）列可知，创新驱动对东部地区和中西部地区产业结构高度化的量的作用系数分别为0.0164和0.0348，仅后者在10%的水平下显著，说明创新驱动仅能显著促进中西部地区产业结构高度化的量，这种促进作用在一定程度上具有地域收敛趋势；由第（2）列和第（5）列可知，创新驱动对东部地区和中西部地区产业结构高度化的质的估计系数分别为0.2892和0.3155，且均在10%的水平下显著，说明创新驱动能显著提升不同地区产业结构高度化的质，相较之下，对中西部区产业结构高度化的质的提升作用稍大于对东部地区的；由第（3）列和第（6）列可知，创新驱动对产业结构泰尔指数的影响系数分别为0.1546和-1.6183，但均不显著，即未能促进产业结构合理化。总体而言，创新驱动并未推动中国产业结构转型升级，与基准模型所得结论一致，这意味着创新驱动能力的提升有助于提高劳动生产率，推动产业结构高度化，但由于我国存在市场分割等问题，致使资源要素的流动性不强，影响了资源在全国及区域层面的不合理流动和低效率配置，不利于产业结构合理化。此外，创新驱动对中西部地区产业结构高度化的促进作用整体上稍大于东部地区，这反映了东部地区虽然处于更加领先的创新阶段，但要进一步突破前沿技术，容易遭遇瓶颈[284]，这也说明创新驱动对中西部地区产业结构高度化的推动作用尚存在较大的提升空间。但就创新驱动未能促进产业结构合理化而言，未来中国应进一步完善体制机制建设，消除资源要素流动性壁垒，实现资源合理配置与高效使用，促进产业结构合理化。

表6–14　创新驱动对产业结构转型升级影响的区域异质性检验

变量	东部地区			中西部地区		
	lnais1 （1）	lnais2 （2）	lntheil （3）	lnais1 （4）	lnais2 （5）	lntheil （6）
lninnov	0.0164 （1.20）	0.2892 * （2.62）	0.1546 （0.21）	0.0348 * （2.18）	0.3155 * （2.50）	–1.6183 （–1.78）
control	YES	YES	YES	YES	YES	YES
_ cons	0.6942 *** （5.41）	–1.8637 （–1.47）	1.8756 （0.31）	0.7447 *** （3.31）	–0.2601 （–0.38）	5.7679 （0.92）
N	88	88	88	152	152	152
R^2	0.5006	0.5862	0.6403	0.5312	0.6743	0.5964

本章小结

本章基于2009–2016年中国省际面板数据采用普通面板和面板分位数回归模型研究了创新驱动对中国产业结构转型升级的影响，结果显示：①创新驱动能显著促进产业结构高度化的量与产业结构高度化的质，但因受到市场分割、要素流动不通畅等因素的影响，使得创新驱动对产业结构合理化的促进作用并不显著，总体而言，创新驱动并未显著推动中国产业结构转型升级；②面板分位数回归模型显示，创新驱动能显著促进低分位数上产业结构高度化的量和质，对较高分位数上产业结构高度化的促进作用并不显著，说明要积极推动较高分位数上的产业结构高度化，必须进一步增强中国创新驱动能力，但整体而言，创新驱动并未显著促进产业结构合理化；③创新驱动价值链的五大维度对中国产业结构转型升级的影响存在异质性，仅创新驱动成果产出能显著推动中国产业结构转型升级，创新驱动认知基础薄弱、主体要素投入质量较低以及成果产出因转化率不高而导致的扩散效应和溢出效应不强等阻碍了产业结构转型升级；④创新驱动高组对产业结构高度化的量和质的促进作用较创新驱动低组更大、更显著；⑤创新驱动仅能同时显著促进东部和中西部地区产业结构高度化的质，且对中西部地区产业结构高度化的量的促进作用大于对东部地区的，具有平衡东部和中西部地区产业结构高度化协调发展的作用。

第七章　创新驱动对中国产业结构
转型升级的空间效应

创新源自知识积累，区域内创新人员生产的新知识会随着时间向同一区域的其他创新人员（区内知识溢出）传播扩散，也会向其他区域的创新人员扩散（区际知识溢出）[285]。创新产出不仅取决于区域内部的研发投入，也取决于地理邻近所获取的研发投入[286-287]。创新的传播扩散特征将通过外溢效应促进报酬递增和生产率提升，实现经济长期增长[288]。根据知识的地理衰减规律，地理距离的增大会因传播成本增加而阻碍知识在空间的传播与扩散[289-290]。但空间数据所具有的空间依赖性和空间自相关等特征[291]，将通过创新要素流动联结各区域创新系统，促进知识溢出，增加区域创新生产的要素规模，改善资源配置效率，提高区域创新绩效[292]。并且赵增耀等[293]的研究也证实中国知识（产品）创新效率具有明显的空间依赖特征和族群特征，高（低）创新效率的地区相互毗邻，在中国区域内部，创新效率呈"俱乐部收敛"趋势，经济越发达、经济联系越紧密的地区，创新的空间外溢效应和价值链外溢效应越明显。

与此同时，区域间产业结构优化存在显著的空间互动关系，产业结构合理化和高级化程度高的地区对周边地区存在虹吸效应，进而会给我国区域产业结构优化进程带来不同影响[158]。中国是一个多民族国家，空间因素也是影响创新驱动产业结构转型升级的重要因素。一个完善的创新系统能协同带动当地及周边地区产业结构转型升级。相反，区块化、分割化的创新管理模式将弱化创新对产业结构转型升级的积极影响。那么，现实中的创新活动是否因此空间关联促进了创新要素的跨省际流动与合理配置、提高了要素使用效率并最终推动了产业结构转型升级呢？对此，本章将引入空间因素，继续探讨创新驱动给中国产业结构转型升级带来的空间影响。

第一节　变量的空间相关性检验

一、空间权重设定

空间权重是构建空间模型和分析空间问题时的重要变量，通常包括空间邻接矩阵和空间核函数权重矩阵，前者是基于空间邻接关系设定，后者是基于空间地理距离设定。本章试图纳入空间关联因素分析创新驱动在全国整体层面对产业结构转型升级的空间影响，属于具有空间连续性特征的样本，故适合采用基于空间邻接关系的空间邻接矩阵。而空间邻接矩阵具体包括"车相邻"（Rook Contiguity）、"象相邻"（Bishop Contiguity）以及"后相邻"（Queen Contiguity）等。为了简便起见，本章采用"车相邻"的空间权重矩阵，即将具有相同边的地区视为邻居，并赋值为1，否则，赋值为0。

$$W_{ij} = W_{ji} = \begin{cases} 1, & i \in (j) \\ 0, & i \notin (j) \end{cases} \tag{7-1}$$

其中，i、j（i、j=1，2，…，N）是位于不同位置的观测点，{j}是观测点 i 邻近观测点的集合。当观测点 i 属于集合{j}时，可将 j 视为 i 的邻居，并对空间权重矩阵 W 中的元素赋值为1，否则，W 中的元素赋值为0。空间邻接权重矩阵 W 是对称矩阵，且对角线上的元素均为0。

与此同时，为了便于解释，笔者对空间权重矩阵进行了归一化处理（行和单位化），将空间矩阵的每一个元素分别除以所在行的元素之和，使空间权重矩阵 W 不具有量纲。此时，WY 与 Y 具有相同的量纲，从而保证了空间回归系数具有更加清晰准确的含义，能被直接解释为空间相关的方向与大小，而且能进行直接比较。

二、空间相关性检验

空间相关性是事物之间普遍联系的一种反映，具体是指某一地区所发生的事件会直接或间接地影响另一地区发生的事件行为和现象。于是，该地区的观测值将与其他地区的观测值之间存在某种函数关系。一般而言，在构建空间计量经济模型之前，需对变量是否存在空间相关性进行检验，若变量存在空间相关性，则应使用空间计量模型，反之则不用。本章利用全局莫兰指数（Moran's I）检验核心变量的空间依赖性，Moran's I 指数的计算式为：

$$I = \frac{n}{\sum_{i=1}^{n}\sum_{j=1}^{n}\omega_{ij}} \cdot \frac{\sum_{i=1}^{n}\sum_{j=1}^{n}\omega_{ij}(x_i - \bar{x})(x_j - \bar{x})}{\sum_{i=1}^{n}(x_i - \bar{x})^2} = \frac{\sum_{i=1}^{n}\sum_{j\neq i}^{n}\omega_{ij}(x_i - \bar{x})(x_j - \bar{x})}{S^2\sum_{i=1}^{n}(x_i - \bar{x})^2}$$

$$(7-2)$$

其中，n 是研究样本地区总数，ω_{ij} 为空间权重矩阵，x_i 和 x_j 分别是区域 i 和区域 j 的属性，$\bar{x} = \frac{1}{n}\sum_{i=1}^{n}x_i$ 是属性的平均值，$S^2 = \frac{1}{n}\sum_{i}(x_i - \bar{x})^2$ 是属性的方差。Moran's I 指数的取值范围为 [-1，1]，如果 I>0，说明各地区变量之间存在空间正相关，即高值与高值集聚，或者低值与低值集聚，具有"空间协同"特征；如果 I<0，说明各地区变量之间存在空间负相关，即高值与低值集聚，具有"空间排斥"特征；如果 I=0，则说明各地区变量之间并不存在空间相关性，变量与空间的分布是独立的，具有"空间随机"特征。当 I 的绝对值越大，意味着所检验变量的空间相关性越强，反之越弱。

Moran's I 指数统计量是检验研究对象之间是否存在空间相关性的有效方法，但是该指数对确定空间相关性的存在形式不具任何效力。一般而言，检验空间相关性的存在形式分为以下三种情况：一是采用 LM-Error 检验和稳健 LM-Error 检验进行空间误差自相关和空间误差移动平均的相关检验；二是采用 LM-Lag 检验和稳健 LM-Lag 检验进行空间滞后相关检验；三是空间误差相关关系检验，由于 Moran's I 检验没有具体的备择假设模型，从而很大程度上放宽了该检验的适用范围，使其能同时检验空间滞后相关和空间误差相关[294]。总之，上述几类检验等可以进一步检验空间相关性的存在形式，即空间相关性是空间误差相关抑或是空间滞后相关[295]，对模型的准确设定具有重要的指导意义。

空间计量模型的使用前提是变量存在空间相关性。作为事前检验各变量是否存在空间自相关的重要方法，全局 Moran'I 指数检验给出了观察值的离差向量与周围邻近地区观察值的空间加权平均值向量之间的线性相关关系，是每一项空间计量模型回归之前的必备步骤。据此，本章在进行空间模型回归之前，基于车相邻的 0-1 空间权重，采用全局莫兰指数对四个核心变量的空间相关性进行了检验

（见表7-1）。

在表7-1中，四个核心变量的Moran's I指数全部通过了5%水平下的显著性检验，强烈拒绝"无空间自相关"的原假设，初步说明中国产业结构转型升级各维度指标和创新驱动指数均存在空间相关性。具体来看，分年度测算的产业结构高度化的量、产业结构高度化的质、产业结构合理化和创新驱动指数的莫兰指数均显著为正，说明这四个变量在空间上存在显著的空间正相关，具有明显的"空间协同"特征，而且随着时间的推移，四个变量所呈现出来的空间正相关特性均存在先增强后减弱的趋势。同时，根据2009-2016年四大核心变量均值测算得出的全局Moran's I指数可知，产业结构高度化的量的Moran's I指数为0.200，产业结构高度化的质的Moran's I指数为0.226，产业结构合理化的Moran's I指数为0.597，创新驱动的Moran's I指数为0.163，均在5%以下的水平下显著，进一步证实了创新驱动与中国产业结构转型升级各指标均存在较强的空间正相关性，说明本章采用空间计量模型进行回归分析具有一定的合理性。

表7-1　2009-2016年核心变量空间相关性的Moran's I指数检验

年份	ais1		ais2		theil		innov	
	Moran's I 指数	Z 值	Moran's I 指数	Z 值	Moran's I 指数	Z 值	Moran's I 指数	Z 值
2009	0.171**	1.768	0.253***	2.453	0.321***	3.035	0.231***	2.476
2010	0.185**	1.879	0.221**	2.154	0.355***	3.226	0.215***	2.363
2011	0.187**	1.891	0.269***	2.543	0.340***	3.088	0.201**	2.301
2012	0.192**	1.924	0.227**	2.179	0.235**	2.190	0.185**	2.172
2013	0.197**	1.964	0.255***	2.355	0.356***	3.221	0.182**	2.164
2014	0.174**	1.760	0.246**	2.304	0.372***	3.367	0.168**	2.055
2015	0.155*	1.595	0.270***	2.507	0.384***	3.466	0.122**	1.766
2016	0.165**	1.672	0.289***	2.674	0.395***	3.621	0.091*	1.587
2009-2016	0.181**	1.835	0.270***	2.529	0.372***	3.343	0.163**	2.048

注：*、**、***分别表示在10%、5%、1%的水平下显著。

另外，根据2009-2016年中国产业结构高度化的量、产业结构高度化的质、产业结构合理化以及创新驱动指数的均值，本章还测算了截面样本下的全局Moran's I值，同时也绘制了Moran's I指数散点图（见图7-1）。图中样本观测值较多落在了第一象限和第三象限，表明多数地区与其周围相邻地区之间呈现相似的集聚特征，直观描述了四个核心变量在空间上存在显著的正相关性，与上述结论相吻合，从而肯定了文章使用空间面板模型进行回归分析的合理性与准确性。

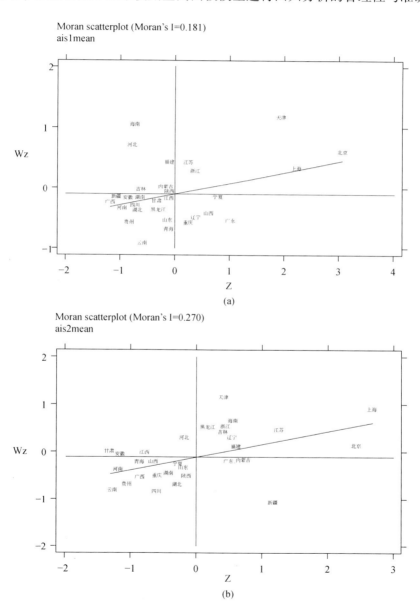

图7-1　2009-2016年核心变量的空间 Moran's I 指数散点图

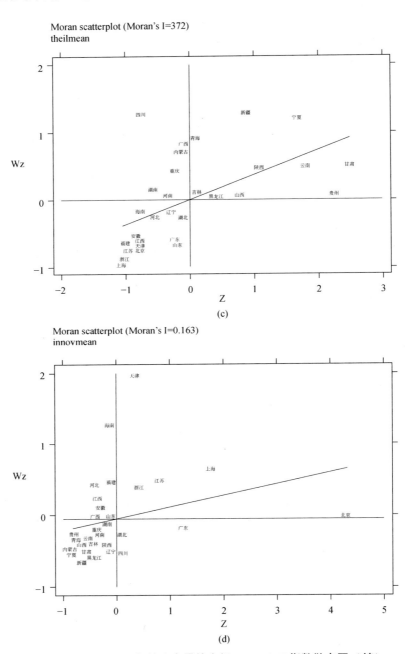

图 7-1 2009-2016 年核心变量的空间 Moran's I 指数散点图（续）

注：（a）、（b）、（c）和（d）分别是产业结构高度化的量、产业结构高度化的质、产业结构泰尔指数和创新驱动四个变量的空间 Moran's I 指数散点图。

资料来源：笔者自绘。

第二节 空间杜宾模型 SDM 的构建

空间计量模型是经济研究中的常用模型，主要包括空间自相关模型（SAR）和空间误差模型（SEM），在经济问题研究中二者均具有重要地位。根据 Griffith 和 Anselin[291] 的解释，一般而言，空间自相关模型多用于解释由变量的强空间依赖性导致的空间相关性，而空间误差模型多用来解释由模型的强误差性带来的空间相关性。但无论是上述哪种模型，都难以避免内生性问题。当对某一空间经济问题进行具体研究时，直接采用 OLS 估计将使空间误差模型估计结果无偏且非有效，同时也会使空间自相关模型估计结果无偏且不一致。据此，笔者采用极大似然法对空间计量模型进行估计可以较好地规避上述问题[291]。通常的做法是利用 Elhorst[296] 提出的空间面板数据极大似然法对模型进行估计，并运用极大似然函数值 log–likelihood 判断模型的适宜性。

基于空间经济学相关理论，一般将空间自相关模型设定为如下形式：

$$upis_{it} = \alpha + \rho \sum_{j=1}^{N} W_{ij} upis_{jt} + \beta innov_{it} + \delta x_{it} + \mu_i + \eta_t + \varepsilon_{it} \qquad (7-3)$$

其中，$upis_{it}$ 为被解释变量，表示产业 i 地区 t 时期的产业结构转型升级水平，W_{ij} 为空间权重矩阵，ρ 为空间回归系数，亦称效应系数，反映本地区产业结构转型升级受相邻区域产业结构转型升级水平的影响；$innov_{it}$ 为核心解释变量，表示 i 地区 t 时期的创新驱动指数；x_{it} 为一系列影响产业结构转型升级的其他变量，主要包括地区经济发展水平、人力资本水平、信息化水平、基础设施建设水平、城市化进程以及对外开放程度；β 和 δ 为线性相关系数向量，分别表示核心解释变量和其他变量对被解释变量的影响大小及方向；μ_i 是区域个体效应，η_t 为时间效应；ε_{it} 为随机误差项，反映随个体和截面发生影响的因素所产生的误差。

与普通面板模型类似，空间自回归模型具有固定效应和随机效应之分。两种效应下的估计结果处理过程存在不同，具体而言，空间自回归模型的固定效应需在组内离差变换去掉个体效应 μ_{it} 之后，使用 MLE 进行估计；而随机效应则需经过广义离差变换后再进行 MLE 估计。在这两种情况下，均能得到较为可靠的估计结果，而对上述两种情况的选择，需根据豪斯曼检验结果进行甄别和筛选。

空间误差模型主要针对区域间不可避免的测量误差对被解释变量产生的影响，以此反映空间中的未知误差变量对观测空间的影响，其模型设定为：

$$upis_{it} = \alpha + \beta innov_{it} + \delta x_{it} + \mu_i + \eta_t + \varphi_{it}$$

$$\phi_{it} = \rho \sum_{j=1}^{N} W_{ij}\phi_{jt} + \varepsilon_{it} \tag{7-4}$$

其中，空间误差系数 ρ 描述了空间关联地区关于产业结构转型升级的误差冲击对本地产业结构转型升级的影响。

一般而言，相比较于空间滞后模型和空间误差模型，空间杜宾模型（SDM）因其将因变量和自变量的空间相关性同时纳入考量模型中，使之具有更强的现实解释力，从而能同时分析因变量受本地区自变量的直接影响和因变量受其他地区自变量和因变量的间接影响[297]。考虑到现实中更为普遍的情况是某一地区产业结构转型升级水平不仅受当地创新驱动等相关解释变量的直接影响，往往还受周围邻近地区创新驱动能力以及产业结构转型升级水平等因素的间接影响。于是，为了考察相邻地区之间的创新驱动能力以及其他因素在省际层面对产业结构转型升级带来的多重影响，本章在后续分析中将以空间杜宾模型分析为主，具体的模型设定形式为：

$$upis_{it} = \alpha + \rho \sum_{j=1}^{N} W_{ij}upis_{jt} + \beta_1 innov_{it} + \sum_{j=1}^{N} \beta_2 W_{ij}innov_{ijt} + \delta x_{it} +$$

$$\sum_{j=1}^{N} \phi W_{ij}x_{ijt} + \mu_i + \eta_t + \varepsilon_{it} \tag{7-5}$$

第三节　实证结果及分析

一、创新驱动对产业结构转型升级的空间影响及分析

在空间杜宾模型回归之前，豪斯曼检验在 1% 的水平下拒绝了采用随机效应的原假设，因此接下来的估计均采用固定效应模型（见表 7-2）。

表 7-2　创新驱动对产业结构转型升级的空间效应

变量	lnais1 （1）	lnais2 （2）	lntheil （3）
lninnov	0.0023 （0.16）	0.2251 ** （2.10）	-0.3113 （-0.46）
lngov	-0.0080 （-0.54）	-0.1428 * （-1.70）	0.0298 （0.05）
lnpergdp	-0.0998 ** （-2.05）	0.7367 *** （3.86）	0.7056 （0.82）
lnhuman	-0.0336 （-0.76）	-0.1338 （-0.96）	0.6747 （0.93）
lninform	0.0063 （0.43）	0.0471 （0.53）	0.3745 （0.66）
lninfrastr	0.0029 （0.10）	0.3354 ** （2.00）	-2.0155 ** （-1.40）
lnurban	-0.0705 （-1.27）	0.3044 （1.25）	-3.1762 （-1.59）
lnopen	0.0071 （1.47）	0.0067 （0.28）	-0.0910 （-0.48）
W·lninnov	0.0538 ** （2.14）	0.0899 （0.63）	0.4320 （0.47）
W·lngov	0.0211 （0.45）	0.0864 （0.95）	-0.9552 （-0.76）
W·lnpergdp	-0.1260 *** （-2.84）	0.5756 ** （2.34）	-3.7960 * （-1.95）
W·lnhuman	-0.0573 （-1.24）	-0.0042 （-0.02）	-0.0509 （-0.03）
W·lninform	0.0206 （1.15）	-0.0335 （-0.40）	-1.0762 （-1.42）
W·lninfrastr	0.2586 *** （3.29）	-0.0277 （-0.10）	4.0247 * （1.97）
W·lnurban	0.3367 *** （3.37）	-0.0314 （-0.05）	6.0537 ** （2.87）
W·lnopen	-0.0115 （-0.90）	-0.0141 （-0.28）	0.6097 ** （2.04）

变量	lnais1 （1）	lnais2 （2）	lntheil （3）
rho/ lambda	-0.2227 ** （-2.12）	-0.2614 ** （-2.45）	-0.1237 （-1.16）
σ^2	0.0001	0.0025	0.0803
Log-L	816.1021	376.6493	-38.3516
R^2	0.3863	0.6575	0.3214
N	240	240	240

注：①*、**、***分别表示在10%、5%、1%的水平下显著；②括号内为 t 统计值；③本章下表同。

根据表7-2中第（1）列可知，创新驱动对当地和相邻地区产业结构高度化的量的影响系数分别为0.0023和0.0538，且后者在5%的水平下显著，具有较强的正向空间溢出效应，这意味着当某一空间单元的创新驱动能力提高1%，相邻空间单元的产业结构高度化的量将提高0.0538%，创新驱动在产业结构高度化的"数量"层面存在正向空间溢出效应；根据第（2）列可知，创新驱动对当地产业结构高度化的质的估计系数为0.2251，在5%的水平下显著，对相邻各地区产业结构高度化的质的估计系数为0.0899，在统计上不显著，说明在推动产业结构高度化的质的过程中，创新驱动在空间上并不存在明显的溢出效应，这意味着自实施创新驱动战略以来，中国创新驱动能力虽然逐年增强，但距离有效提升各产业劳动生产率，带动相邻地区产业结构高度化的质的提升仍有差距，可以说，中国创新驱动能力的增强未能协同带动相邻地区产业结构高度化的质的提升，使得创新驱动在推动中国产业结构转型升级过程中所发挥的积极作用极为有限；根据第（3）列可知，创新驱动对当地以及相邻地区产业结构泰尔指数的影响系数分别为-0.3113和0.4320，均不显著，说明创新驱动未能显著抑制产业结构偏离均衡状态，对当地及相邻地区产业结构合理化无明显的促进作用。总之，创新驱动对产业结构高度化微弱的促进作用对拉动中国经济增长力度有限，这印证了学者所提出的在中国经济增长中创新驱动贡献不足、效果有限的观点[266]，也给未来增强创新驱动能力敲响了警钟。

此外，在推动中国产业结构转型升级的其他变量中，基础设施和城市化进程对产业结构高度化的量具有显著积极的空间溢出效应；经济发展水平对产业结构高度化的质具有显著的正向空间溢出效应。

二、创新驱动对产业结构转型升级的空间效应分解

在空间杜宾模型中加入变量的空间滞后项，此时就滞后项的系数估计值方向和统计显著性而言，在分析中依然有效，但估计系数的具体数值大小已不再代表因变量受自变量的影响。在此情况下，需要对模型的空间效应进行综合考察。理论上往往将这种综合空间效应界定在直接效应、间接效应和总效应三个方面。具体而言，直接效应是指所有地区自变量对本地区因变量带来的总影响的平均值，同时包括了本地区自变量给因变量带来的平均"内部影响"，也包括本地区自变量影响相邻地区因变量之后带来的"外部传导反馈效应"。间接效应是所有地区自变量给相邻地区因变量带来的平均影响。总效应是所有地区自变量给本地区和相邻地区因变量带来的平均影响。通过采用直接效应、间接效应和总效应分析可以清晰地测算创新驱动对中国产业结构转型升级的空间差异化影响。据此，本节对创新驱动产业结构转型升级的三种效应进行了分解讨论，结果如表7-3至表7-5所示。

表7-3 创新驱动对产业结构高度化的量的空间效应分解

变量	效应分解		
	direct	indirect	total
lninnov	0.0003	0.0490**	0.0493**
	(0.02)	(2.12)	(2.16)
lngov	−0.0099	0.0161	0.0062
	(−0.72)	(0.38)	(0.14)
lnpergdp	−0.0919*	−0.0944**	−0.1854***
	(−1.92)	(−2.09)	(−3.46)
lnhuman	−0.0295	−0.0413	−0.0708
	(−0.65)	(−0.92)	(−1.60)
lninform	0.0047	0.0175	0.0222
	(0.34)	(1.02)	(1.08)

续表

变量	效应分解		
	direct	indirect	total
lninfrastr	−0.0092	0.2243***	0.2151***
	(−0.32)	(3.52)	(2.76)
lnurban	−0.0842	0.2960***	0.2119***
	(−1.35)	(3.29)	(3.22)
lnopen	0.0075	−0.0119	−0.0044
	(1.53)	(−1.06)	(−0.39)

表 7-4   创新驱动对产业结构高度化的质的空间效应分解

变量	效应分解		
	direct	indirect	total
lninnov	0.2282**	0.0367	0.2648*
	(2.01)	(0.28)	(1.91)
lngov	−0.1547*	0.1122	−0.0424
	(−1.86)	(1.39)	(−0.46)
lnpergdp	0.7342***	0.3072	1.0414***
	(3.83)	(1.36)	(5.60)
lnhuman	−0.1438	0.0293	−0.1145
	(−1.09)	(0.12)	(−0.43)
lninform	0.0490	−0.0391	0.0098
	(0.53)	(−0.45)	(0.56)
lninfrastr	0.3424**	−0.0775	0.2649
	(2.01)	(−0.32)	(1.10)
lnurban	0.3196	−0.1340	0.1856
	(1.17)	(−0.25)	(0.45)
lnopen	0.0067	−0.0100	−0.0033
	(0.28)	(−0.22)	(−0.07)

表7-5 创新驱动对产业结构合理化的空间效应分解

变量	效应分解		
	direct	indirect	total
lninnov	−0.3054 (−0.43)	−0.4974 (0.56)	−0.1920 (0.27)
lngov	0.0145 (0.02)	−0.8924 (−0.73)	−0.8779 (−0.70)
lnpergdp	0.8444 (0.94)	−3.8205** (−2.00)	−2.9761 (−1.45)
lnhuman	0.6772 (0.91)	−0.0646 (−0.04)	0.6126 (0.37)
lninform	0.4083 (0.74)	−1.0377 (−1.48)	−0.6294 (−0.76)
lninfrastr	−2.0755 (−1.37)	4.1015** (2.22)	2.0261 (0.89)
lnurban	−3.2588 (−1.57)	5.8893** (3.01)	2.6305 (1.24)
lnopen	−0.1122 (−0.60)	0.5600** (1.99)	0.4478 (1.48)

根据上述三个表可知：第一，从直接效应来看，当被解释变量为产业结构高度化的量时，创新驱动指数的直接效应估计系数为0.0003，在统计上不显著，说明各空间单元的产业结构高度化的量受该空间单元创新驱动指数的影响不明显，可能的原因是创新驱动对产业结构高度化的量的促进作用会随着我国产业结构高度化的量的持续增强而存在差异，要进一步促进较高水平下产业结构高度化的量，需不断提升我国创新驱动能力；当被解释变量为产业结构高度化的质时，创新驱动指数的直接效应估计系数为0.2282，在5%的水平下显著，说明创新驱动显著促进了当地产业结构高度化的质；当被解释变量为产业结构泰尔指数时，创新驱动指数的直接效应估计系数为−0.3054，但不显著，说明创新驱动对当地产业结构合理化无显著推动作用。

第二，从间接效应来看，当被解释变量为产业结构高度化的量时，创新驱动的间接效应估计系数为 0.0490，在 5% 的水平下显著，说明创新驱动对相邻地区产业结构高度化的量存在正向空间溢出效应，而且当创新驱动指数每增加 1%，这种正向空间溢出效应将增加 0.0490%；当被解释变量为产业结构高度化的质时，创新驱动的间接效应估计系数为 0.0367，但不显著，说明创新驱动对相邻地区产业结构高度化的质无显著影响；当被解释变量为产业结构泰尔指数时，创新驱动的间接效应估计系数为 –0.4974，但在统计上并不显著。

第三，从总效应来看，当被解释变量为产业结构高度化的量时，创新驱动的总效应估计系数为 0.0493，在 5% 的水平下显著，说明对全部空间单元来讲，创新驱动指数每增加 1%，将促使产业结构高度化的量提升 0.0493%；当被解释变量为产业结构高度化的质时，创新驱动的总效应估计系数为 0.2648，在 10% 的水平下显著，说明对全部空间单元来讲，创新驱动指数每增加 1%，将促使产业结构高度化的质提升 0.2648%，可见，创新驱动指数能在数量和质量总体效应层面推动产业结构高度化；当被解释变量为产业结构泰尔指数时，创新驱动指数的总效应估计系数为 –0.1920，但不显著，说明在总效应层面创新驱动对产业结构泰尔指数无显著影响，未能显著推动产业结构合理化。

与此同时，这三个表还报告了控制变量对中国产业结构转型升级的影响。首先，基础设施建设和城市化进程对产业结构高度化的量的间接效应显著为正，显著的正向空间溢出效应使这两个变量对产业结构高度化的量的影响在总效应层面亦显著为正。其次，仅经济发展水平对产业结构高度化的质的直接效应和总效应显著为正，说明经济发展水平对提升当地产业结构高度化的质更为明显。最后，大部分变量对产业结构泰尔指数的影响无论是在直接效应还是总效应方面均不显著，说明在推动中国产业结构合理化方面，各经济要素发挥的空间协同效应尚不显著。

三、创新驱动对产业结构转型升级空间效应的拓展分析

随着中国经济快速发展，交通基础设施的完善使得创新驱动对中国产业结构转型升级的空间作用受到地理位置的影响逐渐减弱，空间关联更多体现在经济体量和制度质量层面。也就是说，经济发展水平越相近、制度水平越相近的地区之间，联系越紧密。那么，是否在经济发展水平和制度水平相近的地区，创新驱动对产业结构转型升级的促进作用也更加明显呢？此处，笔者分别采用经济空间距

离和制度质量距离构建新的空间权重矩阵进行模型估计。其中，经济距离空间权重的测算方法为：

$$\omega_{ij}=\begin{cases}1/\left|Y_i-Y_j\right|, & i\neq j \\ 0, & i=j\end{cases} \tag{7-6}$$

其中，ω_{ij} 为经济距离矩阵中的元素，Y_i 和 Y_j 分别表示地区 i 和地区 j 的经济发展水平，本章用 2016 年地区实际 GDP 来衡量。若两个地区之间的经济发展水平差距较大，它们在经济上的空间关联反而越小。同理，以王小鲁等[298]最新测算的 2008-2014 年市场化指数均值作为制度质量的代理变量，测算制度质量空间权重。于是，基于新测算的经济空间权重矩阵和制度质量空间权重对基准模型重新估计，结果如表 7-6 所示。

根据表 7-6 中第（1）-（3）列可知，在以经济距离作为空间权重矩阵时，创新驱动对本地区产业结构高度化的量以及产业结构高度化的质均具有显著的促进作用，经济的快速持续发展在数量和质量层面均对推动地区产业结构高度化具有积极作用。就空间滞后效应而言，创新驱动对产业结构高度化的量、产业结构高度化的质以及产业结构泰尔指数的影响系数分别为 0.0455、0.2227 和 -0.4436，在数值方向上对产业结构转型升级具有积极的促进作用，虽然在统计性上缺乏一定的显著性，但这可能与本章构建的经济距离空间权重矩阵有关，因为创新是一个具有较强集聚效应的变量，本章所使用的经济距离矩阵仅简单刻画了经济关联，而未涉及区域关联，这可能是导致创新驱动在经济距离空间矩阵下对产业结构转型升级的促进作用不显著的原因。但是，结合基准模型可知，在经济关联空间权重下，创新驱动已经显示出了对周边地区产业结构合理化具有积极作用，以及对周边地区整体产业结构转型升级具有带动作用。未来要持续加强以创新驱动协同带动区域经济高质量发展，进一步增强创新驱动效率与经济高质量发展的联动性和循环性，在经济空间关联下，最终实现创新驱动对周边产业结构转型升级的带动作用。

根据表 7-6 中第（4）-（6）列可知，在以制度质量距离作为空间权重时，空间滞后回归结果显示，创新驱动对产业结构高度化的量的估计系数分别为 0.0642，在 5% 的水平下显著，对产业结构高度化的质的影响系数为 0.0156，不显著，说明创新驱动能显著带动制度质量相近地区的产业结构高度化的量，对产业结构高度化的质在方向上亦具有积极作用。而此时创新驱动对产业结构泰尔指数的影响系数为 -2.4687，且在 10% 的水平下显著，说明在制度质量相近的地区，创新驱动对产业结构合理化存在显著的正向空间溢出效应，这主要是因为制度距离越相近意味着市场成熟度越相近，有利于资源要素从低效率部门向高效率部门的自由流动和快速转移，提高资源的配置效率和产业间的关联程度，有助于推动产业结构合理化。以上结论肯定了制度因素在创新驱动产业结构转型升级过程中的积极作用，而创新驱动并未显著提升产业结构高度化的质的事实说明我国的制度质量还有待进一步提升。

表 7-6 创新驱动对产业结构转型升级的空间效应拓展分析

变量	经济距离空间权重			制度质量空间权重		
	lnais1	lnais2	lntheil	lnais1	lnais2	lntheil
	(1)	(2)	(3)	(4)	(5)	(6)
lninnov	0.0172 *	0.2141 **	0.0081	−0.0070	0.2185 **	0.2381
	(1.68)	(2.15)	(0.01)	(−0.71)	(1.90)	(0.38)
lngov	0.0011	−0.1178	−0.4875	−0.0065	−0.1380	−0.8134
	(0.07)	(−1.29)	(−0.91)	(−0.45)	(−1.22)	(−1.54)
lnpergdp	−0.1514 ***	0.7255 ***	0.0050	−0.1171 ***	0.7188 ***	−0.2647
	(−3.39)	(3.81)	(0.00)	(−5.79)	(4.27)	(−0.30)
lnhuman	−0.0241	−0.1756	2.1634 ***	−0.0291 *	−0.1226	2.0993 **
	(−0.65)	(−1.32)	(2.70)	(−1.85)	(−0.82)	(2.58)
lninform	0.0054	−0.1247	0.6940 *	0.0168	0.0404	0.6989 *
	(0.30)	(−1.25)	(1.83)	(1.64)	(0.52)	(1.76)
lninfrastr	0.0180	0.3992 **	−2.5279	0.0035	0.3723 **	−2.5727 *
	(0.53)	(2.19)	(−1.57)	(0.16)	(2.18)	(−1.87)
lnurban	0.0100	0.5026 *	−1.4054	−0.0077	0.4100	−1.4578
	(0.18)	(1.71)	(−0.86)	(−0.23)	(1.31)	(−1.01)
lnopen	0.0116	0.0443	−0.1707	0.0158 ***	0.0156	−0.3116
	(1.59)	(1.46)	(−0.83)	(4.07)	(0.55)	(−1.57)
W·lninnov	0.0455	0.2227	−0.4436	0.0642 **	0.0156	−2.4687 *
	(1.25)	(1.31)	(0.671)	(2.57)	(0.07)	(−1.82)

续表

变量	经济距离空间权重			制度质量空间权重		
	lnais1	lnais2	lntheil	lnais1	lnais2	lntheil
	（1）	（2）	（3）	（4）	（5）	（6）
W·lngov	−0.0014	0.1045	−0.6581	−0.0229	0.1457	−0.4193
	（−0.05）	（0.71）	（−0.57）	（−0.98）	（0.95）	（−0.73）
W·lnpergdp	−0.1052**	−0.2066	−0.3523	−0.0589	0.1637	4.0936***
	（−2.26）	（−0.66）	（−0.18）	（−1.59）	（0.52）	（2.72）
W·lnhuman	0.0291	−0.1016	2.6649	0.0622*	−0.7639***	6.6948***
	（0.54）	（−0.32）	（1.33）	（1.67）	（−2.89）	（4.77）
W·lninform	−0.0120	0.1066	−0.7986**	−0.0209**	−0.0581	−0.5761
	（−0.59）	（1.12）	（−2.12）	（−1.97）	（−0.69）	（−1.39）
W·lninfrastr	−0.0212	−0.2126	−2.3013	−0.0523	0.7357	−5.9052**
	（−0.26）	（−0.50）	（−1.01）	（−1.03）	（1.62）	（−2.56）
W·lnurban	0.0147	−0.3873	−6.9430*	0.0422	0.0101	−6.6815***
	（0.16）	（−0.85）	（−1.73）	（0.64）	（0.02）	（−3.41）
W·lnopen	0.0300**	0.0063	0.3124	−0.0043	0.0174	−0.8338**
	（2.19）	（0.07）	（0.62）	（−0.60）	（0.36）	（−2.56）
rho/ lambda	0.0568	0.1781*	−0.1528	0.1405	−0.1700	−0.1697
	（0.73）	（1.73）	（−1.00）	（1.31）	（−1.17）	（−1.57）
σ^2	0.0001	0.0025	0.1006	0.0001	0.0024	0.0855
Log−L	783.9872	379.6939	−65.4436	786.2320	383.1413	−45.9972
R^2	0.4693	0.6748	0.6497	0.4758	0.6826	0.7005
N	240	240	240	240	240	240

本章小结

　　本章引入空间关联因素，采用空间杜宾模型研究了创新驱动对中国产业结构转型升级的空间影响。结果显示：①创新驱动对周边地区产业结构高度化的量具有显著促进作用，而对周边地区产业结构高度化的质和产业结构合理化的促进作用在统计上不显著；②空间效应分解结果显示，创新驱动对产业结构高度化的量的间接效应和对产业结构高度化的质的直接效应显著为正，且对两者的总效应亦显著为正，但对产业结构合理化无显著影响，说明创新驱动仅带来了产业结构的"虚高度化"，整体上并未推动中国产业结构转型升级；③空间矩阵的拓展进一步显示，在经济距离空间权重下，创新驱动对经济发展程度相近地区的产业结构转型升级表现出积极的推动作用，而在制度质量空间权重下，创新驱动能显著推动制度距离相近地区产业结构高度化的量和产业结构合理化，从而肯定了经济发展水平和制度质量在创新驱动产业结构转型升级过程中的积极作用。

第八章 创新驱动对中国产业结构转型升级的政策效应

创新驱动对产业结构转型升级的影响除了受创新内部因素驱动外，往往还受创新外部因素的驱动。比如，市场对技术和新产品的需求，政府的优惠政策，企业对自主创新成果的商业化预期等，都会影响创新绩效[299]。其中，政府的创新驱动政策是推动创新最常见、最直接的一种方式。近年来，伴随中国经济从高速增长阶段向高质量发展阶段转型以及产业结构从低端向中高端迈进的"双升级"趋势演进，通过设立"创新示范区"，打造地区"创新点"，协同带动地区产业结构转型升级的创新驱动政策备受关注。设立国家级高新技术产业开发区（以下简称国家高新区）成为发展高新技术产业、提升科技实力的一项有效制度安排[300]。但由于国家高新区的设立在很大程度上依赖于政策优惠、土地开发、要素优惠以及招商引资等增量路径，国家高新区已经出现了明显的投入规模不经济、以要素驱动经济增长渐趋乏力等问题[204]。当下，面临"三次创业"的新形势和新任务，国家高新区的发展因受传统体制回归和路径依赖等因素影响出现了阶段转换的界面障碍，该路径依赖将通过持续自我强化并且很难在短期内改变[206,301-302]。此外，科技创新支持体系缺失、本土技术竞争能力不强、企业研发投入水平较低以及产权界定不清等因素严重制约了国家高新区成功发展成类似美国硅谷这一世界级高新技术孵化中心的可能[303]，极大地弱化了国家高新区培育具有全球竞争优势的产业体系，并带动中国产业结构转型升级的积极影响。由此可知，国家高新区在建设发展过程中的贡献与问题并存，那么国家高新区能否促进产业结构转型升级呢？科学系统地评价国家高新区对产业结构转型升级的影响，对国家高新区的建设发展，尤其对中国经济高质量发展具有重要的指导作用和现实意义。本章将以创新驱动的政策之一——设立国家高新区为出发点，详细阐述国家高新区对中国产业结构转型升级的具体影响，借以明确创新驱动对产业结构转型升级的政策效应。

第一节　制度背景

经过 30 多年的发展，国家高新技术产业开发区已经成为我国实施创新驱动发展战略的重要载体，在转变发展方式、优化产业结构、增强国际竞争力等方面发挥了重要作用，走出了一条具有中国特色的高新技术产业化道路，为促进国家高新区高质量发展，发挥了示范引领和辐射带动作用。[①] 截至 2020 年底，我国已经建设了 169 家国家高新技术产业开发区，园区汇集的科技活动人员、研发人员、科技活动经费内部支出以及研发经费内部支出等与科技创新活动相关的各方面资源投入都呈现较快的增加趋势，国家高新区总体发展能力较好。

第二节　双重差分模型 DID 的设定与变量说明

一、双重差分模型 DID 的设定

在实施一项政策措施后，政策效果往往需要经过一段时间才能显现。而政策实施对某一变量的净影响将通过政策实施前后该变量的变化反映出来。本章借鉴陈强[304]的论述，对政策评价模型——双重差分法（Difference－in－Differences，DID）做简要说明。假设存在以下两期面板数据：

$$y_{it} = \alpha + \gamma D_t + \beta x_{it} + \mu_i + \varepsilon_{it} \qquad (8-1)$$

其中，$i=1$，$\cdots$，n，$t=1$，2，D_t 为实验期虚拟变量，如果第 1 期未实施政策，D_t 取值为 0，如果第 2 期实施了政策，D_t 取值为 1。μ_i 为不可观测的个体特

---

① 国务院关于促进国家高新技术产业开发区高质量发展的若干意见 ［EB/OL］．（2020－07－17）．http：//www. gov. cn/zhengce/content/2020－07－17/content_5527765. htm.

征，x_{it} 为政策虚拟变量（Policy Dummy），取值满足：

$$x_{it} = \begin{cases} 1, & \text{若 } i \in \text{实验组，且 } t=2 \\ 0, & \text{其他} \end{cases}$$

由此可知，在未实施政策的第 1 期，实验组与控制组无任何差异性对待，x_{it} 均取值为 0；当第 2 期实施政策之后，实验组 x_{it} 取值为 1，控制组 x_{it} 依旧取值为 0。考虑到 x_{it} 可能与被遗漏的个体特征 μ_i 相关，可以对式（8-1）进行一阶差分，消除个体特征变量 μ_i 后可得：

$$\Delta y_i = \gamma + \beta x_{i2} + \Delta \varepsilon_i \tag{8-2}$$

于是，采用 OLS 即可得到一致估计。根据与差分估计量同样的推理可知：

$$\hat{\beta}_{OLS} = \Delta \bar{y}_{treat} - \Delta \bar{y}_{control} = (\bar{y}_{treat,2} - \bar{y}_{treat,1}) - (\bar{y}_{control,2} - \bar{y}_{control,1}) \tag{8-3}$$

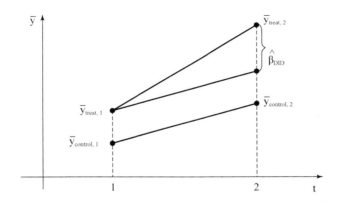

图 8-1　双重差分估计量示意图

资料来源：陈强．高级计量经济学及 Stata 应用［M］．北京：高等教育出版社，2014.

根据图 8-1 可知，双重差分估计量是实验组的平均变化与控制组的平均变化之差，该估计量显示了实验组与控制组"实验前差异"的影响。

与式（8-2）等价，还可将双重差分模型设定为更为一般的形式：

$$y_{it} = \beta_0 + \beta_1 G_i \times D_t + \beta_2 G_i + \gamma D_t + \varepsilon_{it} \tag{8-4}$$

在式（8-4）中，G_i 为实验组虚拟变量，刻画的是实验组与控制组本身的差异（实验前后，组别差异一直存在），如果个体属于实验组，G_i 取值为 1，如果个体属于控制组，G_i 取值为 0。D_t 为实验期虚拟变量，刻画的是实验前后本身的差异（实验前后，时间趋势均存在），如果个体属于实验期之前，D_t 取值为 0，如果个体属于实验期之后，D_t 取值为 1。互动项 $G_i \times D_t$ 是真正度量实验组的政策效应。在更为一般的双重差分模型式（8-4）中，既可以加入其他解释变量，也可以将其推广至多期数据的情况，双重差分法同时控制了分组效应和时间效应，这也是该估计方法最大的优点。

根据上述分析，本章采用双重差分法评价国家高新区对产业结构转型升级的政策效果。根据《中国火炬统计年鉴》所公布的国家高新区名单，截至 2015 年底，中国已先后建成 147 个国家高新区，这为采用双重差分法提供了一个良好的"准自然实验"。本章所选择的研究样本为中国 285 个地级市，但是已经设立的 147 个国家高新区并非对应 147 个地级市，存在"一市多区"的现象经过筛选与匹配，147 个国家高新区实际对应 129 个中国地级市。[①] 所以，在选择的 285 个地级市中，这 129 个城市就构成"实验组"，其余 156 个未获批建设国家高新区的城市自然就构成"控制组"。

在使用双重差分法时，一般根据是否受政策影响设置实验分组虚拟变量 treated，将受政策影响的一组作为实验组，赋值为 1，对控制组赋值为 0。同时，根据政策实施的时间先后设置实验分期虚拟变量 period，对政策实施当年及以后的 period 赋值为 1，对政策实施之前的 period 赋值为 0。据此，可将样本分为四个组：政策实施之前的控制组（treated = 0，period = 0）、政策实施之后的控制组（treated = 0，period = 1）、政策实施之前的实验组（treated = 1，period = 0）以及政策实施之后的实验组（treated = 1，period = 1）。其中，实验分组与实验分期两个虚拟变量的交互项 treated×period 是政策实施所带来的净效应。

由于国家高新区的设立是逐年批复的，并非同一年统一规划实施，因此本章中的变量设置与上述双重差分法的普遍做法略有不同。本章对实验组中的 129 个地级市赋值为 1，控制组中的 156 个地级市赋值为 0，同时考虑到设立国家高新

---

① 具体的处理方法为：根据 2016 年《中国火炬统计年鉴》，在截至 2015 年底的 147 个国家高新区中，将燕郊视为廊坊市处理、长春净月视为长春市处理、昆山视为苏州市处理、江阴视为无锡市处理、武进视为常州市处理、萧山临江视为杭州市处理、莫干山视为湖州市处理、源城视为河源市处理、黄河三角洲视为东营市处理；璧山属于重庆市下辖的一个县、常熟和延吉亦为两个县级市，均删除；由于数据缺失，剔除昌吉州、新疆兵团、仙桃市。处理完成后，截至 2015 年底，中国 147 个国家级高新区对应 129 个地级市。

区的时间先后差异，笔者将设立国家高新区当年及以后赋值为1，设立之前赋值为0。据此直接生成设立国家高新区的虚拟变量 did。笔者借鉴刘瑞明和赵仁杰[305]的做法，利用国家高新区虚拟变量 did 构造双向固定效应模型进行双重差分估计，检验设立国家高新区对产业结构转型升级的净效应。具体模型设定如下：

$$\text{upis}_{i,t} = \alpha_0 + \alpha_1 \text{did}_{i,t} + \alpha_2 x_{i,t} + \eta_t + \mu_i + \varepsilon_{i,t} \tag{8-5}$$

其中，$\text{upis}_{i,t}$ 为被解释变量，表示第 i 个城市第 t 年的产业结构转型升级水平，本章分别选取产业结构高度化水平 ais 和产业结构合理化水平 theil 两个维度进行测度；$\text{did}_{i,t}$ 为设立国家高新区对产业结构转型升级的净效应；$x_{i,t}$ 为一组控制变量，包括政府规模、经济发展水平、信息化水平、人力资本水平、基础设施建设水平、城市化进程以及开放程度。η_t 为时间固定效应，μ_i 为各城市的个体固定效应。在式（8-5）中，α_1 是核心估计参数，表征国家高新区对产业结构转型升级的净效应。如果 α_1 为正，说明设立国家高新区的确有利于推动产业结构转型升级，反之，存在抑制作用。

二、变量说明

与第六章和第七章所用指标基本一致，本章的被解释变量为产业结构转型升级水平，主要从产业结构高度化的量、产业结构高度化的质以及产业结构合理化三个维度进行测度，具体测算公式与第六章相同。

本章的核心解释变量是国家高新区虚拟变量 did，根据《中国火炬统计年鉴》中历年国家高新区名单，结合国家高新区的设立时间先后统一赋值，最终得到核心解释变量 did。

此外，为防止遗漏变量给估计带来偏误，本章同时选取了如下控制变量：政府规模、经济发展水平、信息化水平、人力资本水平、基础设施建设水平、城市化进程以及对外开放度。对其测度基本与第六章和第七章省际数据相同，个别指标因在地级市层面的统计口径而稍有变化，但不影响整体测算效果。

本章采用1994-2015 年中国 285 个地级市面板数据研究国家高新区对产业结构转型升级的影响。① 本章所使用的全部数据均来自历年《中国火炬统计年鉴》

---

① 因研究所包含的地级市较多，部分地级市的数据更新存在时滞，故本章分析所使用的数据将继续采用1994-2015 年的地级市数据进行分析。

和《中国城市统计年鉴》。以 1994 年开始是为了避免因分税制改革带来的偏误。本章中所有价值变量统一核算成了以 1990 年为基期的不变价，对部分缺失数据通过查阅各省份所对应年度的统计年鉴或用插值法进行了填补。各变量具体的测算方法如表 8-1 所示。

此外，本章对各变量的数据分布情况进行了统一分析，得到的变量的统计性描述如表 8-2 所示。

表 8-1　主要变量及具体计算方法

变量类别	变量名称	计算方法
被解释变量	产业结构高度化的量（ais1）	$ais1_{i,t} = \sum_{m=1}^{3} y_{i,m,t} \times m$, m = 1, 2, 3
	产业结构高度化的质（ais2）	$ais2_{i,t} = \sum_{m=1}^{3} y_{i,m,t} \times lp_{i,m,t}$, m = 1, 2, 3
	产业结构合理化（theil）	$theil_{i,t} = \sum_{m=1}^{3} y_{i,m,t} \ln(y_{i,m,t}/l_{i,m,t})$, m = 1, 2, 3
核心解释变量	国家高新区（did）	虚拟变量（0，1）
控制变量	政府规模（gov）	政府财政支出与地区 gdp 的比值
	经济发展水平（pergdp）	人均 gdp
	信息化水平（inform）	人均邮电业务总量与人均 gdp 的比值
	人力资本水平（human）	普通高等学校在校生数与地区年末人口总数的比值
	基础设施建设水平（infrastr）	人均城市道路面积
	城市化进程（urban）	非农业人口占地区总人口的比值
	对外开放度（open）	实际使用外资金额与地区 gdp 的比值

表 8-2　变量的统计性描述

变量	样本量	均值	标准差	最小值	最大值
ais1	6132	2.1761	0.1520	1.3183	2.7969
ais2	6052	1.0012	0.7754	0.0468	20.1140
theil	6084	0.2590	0.2113	0.0001	1.7205
did	6270	0.2175	0.4126	0	1

续表

变量	样本量	均值	标准差	最小值	最大值
gov	6087	0.1149	0.1438	0.0027	3.2740
pergdp	6120	0.3140	0.2561	0.0560	3.7495
inform	6096	0.1845	0.2256	0.0025	4.5822
human	5762	0.1089	0.1771	0	1.2937
infrastr	6094	8.2435	11.4899	0	442.9500
urban	4103	0.3206	0.1738	0.0735	1
open	5915	0.0268	0.0459	0.00002	0.6927

第三节 实证结果及分析

一、基准模型检验

本章采用双向固定效应模型检验国家高新区对产业结构转型升级的净效应结果显示，国家高新区对产业结构高度化的量具有显著促进作用，但对产业结构高度化的质具有显著抑制作用，对产业结构合理化的影响不显著，国家高新区并未有效推动中国产业结构转型升级（见表8-3）。

表8-3 国家高新区对地区产业结构转型升级的作用

变量	ais1 （1）	ais2 （2）	theil （3）
did	0.0315** （2.28）	−0.2874*** （−6.39）	0.0330 （1.40）
gov	0.0601 （1.64）	−0.0148 （−0.16）	0.0290 （0.75）
pergdp	0.0674** （2.26）	0.8532*** （4.13）	0.0163 （0.24）
inform	0.0069 （0.33）	−0.1944 （−1.52）	0.0244 （0.58）

变量	ais1 （1）	ais2 （2）	theil （3）
human	−0.0166	−0.0870	−0.2132***
	（−0.51）	（−0.74）	（−4.41）
infrastr	0.0003	0.0148***	−0.0015
	（0.38）	（3.72）	（−1.47）
urban	0.5280***	0.1298	−0.3246***
	（5.67）	（0.99）	（−3.66）
open	0.2872***	−0.0728	−0.1852
	（3.45）	（−0.19）	（−1.63）
时间效应	YES	YES	YES
地区效应	YES	YES	YES
_cons	1.7534***	−0.1582	0.4538***
	（50.10）	（−1.39）	（8.96）
N	3695	3678	3694
R^2	0.4878	0.6250	0.1769

注：①括号中为t值；②*、**、***分别表示在10%、5%和1%的水平下显著；③所有回归均采用以地区为聚类变量的聚类稳健标准误；④本章下表同。

具体而言，根据表8-3中第（1）列可知，国家高新区对产业结构高度化的量的影响系数为0.0315，在5%的水平下显著，说明从三大产业结构的比例份额演进来看，国家高新区在带动当地产业结构从第一产业占优势地位向第二、第三产业占优势地位的数量比例演进过程中发挥了积极作用，这主要因为国家高新区内多为高技术产业制造业和高技术产业服务业，从而率先实现了对当地产业结构高度化的量的提升。根据第（2）列可知，国家高新区对产业结构高度化的质的影响系数为−0.2874，在1%的水平下显著，即国家高新区并未促进产业结构高度化的质，说明因高端人力资本缺乏、技术创新"不平衡性"、创新成果转化率低等原因致使国家高新区未能发展形成强大的区域创新系统，自主创新能力提升有限，阻碍了各产业劳动生产率的提升，由此对产业结构高度化的质所产生的抑制作用大于因创新资源富集和优惠政策所产生的促进作用，未能显著促进产业结构高度化的质。根据第（3）列可知，国家高新区对产业结构合理化的影响系数为0.0330，但不显著，说明国家高新区在设立初期，由于未综合考虑自身区位优势及产业发展目标，导致资源配置不合理、产业间关联程度不高，同时由于园区面临"条块分割"的外部市场环境以及不完善的体制机制，减少了企业间的合作，进一步降低了产业之间的关联水平和资源的配置效率，由此给当地产业结构合理化带来的不利影响弱化了国家高新区对产业结构合理化的正向促进作用，致使国家高新区对产业结构合理化的带动作用未能充分显现。

控制变量的回归结果显示，经济发展水平、基础设施建设水平、城市化进程和对外开放度有助于产业结构高度化，其中经济发展水平在数量与质量层面均对产业结构高度化有显著促进作用，对外开放度、城市化进程仅对产业结构高度化的量具有显著促进作用，基础设施建设水平仅对产业结构高度化的质具有显著促进作用，人力资本水平与信息化水平对产业结构高度化的量和质均无显著促进作用。此外，人力资本水平和城市化进程对产业结构泰尔指数的影响显著为负，说明这两个变量能有效抑制产业结构偏离均衡状态，促进了产业结构合理化。

二、反事实检验

基准模型回归结果显示，国家高新区未能显著推动地区产业结构转型升级，这可能受其他相关产业政策和经济发展战略的影响。为了检验基准模型回归结果的稳健性，需对国家高新区的产业结构转型升级净效应进行反事实检验，即考察未建立国家高新区时，虚拟变量 did 对产业结构转型升级的影响。若虚拟变量 did 未对产业结构转型升级产生显著影响，说明在设立国家高新区之前，确实不存在国家高新区影响产业结构转型升级这一结论，这就意味着控制组和实验组不存在其他系统性误差，基准模型中得出的结论是可信的；若虚拟变量 did 对产业结构转型升级产生了显著影响，说明该政策效果可能得益于其他政策的实施，基准模型所得出的结论是不可信的。笔者将国家高新区的设立时间分别统一提前1 年（did-advance1）、2 年（did-advance2）和 3 年（did-advance3）进行验证。具体回归结果分别如表 8-4、表 8-5 和表 8-6 所示。

表8-4　国家高新区对产业结构转型升级的反事实检验（Ⅰ）

变量	ais1 (1)	ais2 (2)	theil (3)
did-advance1	0.0050 (0.28)	-0.1623 (-1.73)	0.0476 (1.76)
control	YES	YES	YES
时间效应	YES	YES	YES
地区效应	YES	YES	YES
_cons	1.8859*** (70.66)	-0.0570 (-0.87)	0.2922*** (9.00)
N	3695	3678	3694
R^2	0.4876	0.6248	0.1770

表8-5　国家高新区对产业结构转型升级的反事实检验（Ⅱ）

变量	ais1 (4)	ais2 (5)	theil (6)
did-advance2	-0.0138 (-1.48)	-0.0727 (-0.91)	0.0233 (1.16)
control	YES	YES	YES
时间效应	YES	YES	YES
地区效应	YES	YES	YES
_cons	1.8892*** (70.94)	-0.0750 (-1.14)	0.2971*** (9.21)
N	3695	3678	3694
R^2	0.4878	0.6247	0.1770

表8-6　国家高新区对产业结构转型升级的反事实检验（Ⅲ）

变量	ais1 (7)	ais2 (8)	theil (9)
did-advance3	-0.0131 (-1.48)	-0.0313 (-0.44)	0.0204 (1.05)

续表

变量	ais1 （7）	ais2 （8）	theil （9）
control	YES	YES	YES
时间效应	YES	YES	YES
地区效应	YES	YES	YES
_cons	1.8890*** （70.75）	−0.0825 （−1.26）	0.2978*** （9.23）
N	3695	3678	3694
R²	0.4879	0.6246	0.1771

　　根据表8-4至表8-6中的回归结果可知，将国家高新区的设立时间分别提前1年、2年和3年之后，国家高新区对产业结构高度化和产业结构合理化均无显著影响，说明未设立国家高新区时，虚拟变量 did 确实未给产业结构转型升级带来任何影响，不存在系统性误差。因此，基准模型所得出的国家高新区对产业结构转型升级的影响是可信的。

第四节　异质性检验

一、成长周期异质性检验

　　从1988年至今国家高新区已经建设发展30余年，期间有两次批复高潮，第一次是1991-1992年，两年内集中批复了52家，第二次是处于本章研究时间段内的2010年，一年内批复了26家。截至2015年底，第一次批复高潮中的国家高新区已经建设发展了20余年，而第二次批复高潮中的国家高新区建设发展尚不足10年，这就意味着这些国家高新区处于不同的成长周期。那么，这种处于不同成长周期的国家高新区是否会给产业结构转型升级带来异质性影响呢？对此，笔者将国家高新区分为两大类：第一类是21世纪之前建设的"成熟型"国家高新区，主要包括1991-1992年第一次批复高潮在内的49家国家高新区；第二类是21世纪之后建设的"成长型"国家高新区，主要包括2010年第二次批复高潮在内的 80 家国家高新区。处于不同成长周期的国家高新区对产业结构转型升级影响的检验结果如表 8-7 所示。

表 8-7　国家高新区对产业结构转型升级的成长周期异质性检验

变量	"成熟型"国家高新区			"成长型"国家高新区		
	ais1 (1)	ais2 (2)	theil (3)	ais1 (4)	ais2 (5)	theil (6)
did	0.0573 *** (8.81)	-0.2165 *** (-8.74)	0.0539 *** (3.83)	-0.0155 (-1.76)	-0.3993 *** (-8.19)	0.0099 (0.70)
control	YES	YES	YES	YES	YES	YES
时间效应	YES	YES	YES	YES	YES	YES
地区效应	YES	YES	YES	YES	YES	YES
_cons	1.8598 *** (55.26)	-0.0957 (-1.25)	0.3456 *** (9.94)	1.8540 *** (74.56)	-0.0073 (-0.12)	0.2996 *** (10.33)
N	2576	2561	2575	2977	2962	2977
R^2	0.4392	0.6532	0.2021	0.5118	0.5899	0.2232

根据表 8-7 中第（1）-（3）列可知，"成熟型"国家高新区对产业结构高度化的量具有显著促进作用，但对产业结构高度化的质的影响依旧显著为负，且对产业结构泰尔指数的影响显著为正，说明"成熟型"国家高新区并没有提升产业结构高度化的质和产业结构合理化，仅提升了产业结构高度化的量。根据表 8-7 中第（4）-（6）列可知，"成长型"国家高新区对产业结构高度化的量和产业结构合理化的影响均不显著，对产业结构高度化的质的影响依然显著为负，未能有效推动产业结构转型升级。可见，国家高新区对产业结构转型升级的影响具有明显的成长周期异质性，总体看来，"成熟型"国家高新区较"成长型"国家高新区对产业结构转型升级的影响更为显著。

具体而言，"成熟型"国家高新区对产业结构高度化的量的促进作用大于"成长型"国家高新区，对产业结构高度化的质的抑制作用也更小，而且对产业结构合理化的抑制作用也较"成长型"国家高新区更为显著，说明未能结合当地区位优势发展关联产业所造成的资源不合理配置以及因"条块分割"导致的产业关联不强等问题率先在"成熟型"国家高新区暴露出来。这意味着"成熟型"国家高新区对产业结构转型升级的不利影响对"成长型"国家高新区有着很好的警示作用,"成长型"国家高新区应吸取经验教训,尽早纠正在发展过程中出现的各种问题,降低国家高新区在推动产业结构转型升级过程中出现的偏离效应,推动产业结构转型升级。

二、"市—区"布点异质性检验

在国家高新区设立的过程中,不仅存在"一市一区"的情形,还存在"一市多区"的现象。在理论上,创新不是一个孤立事件,它往往趋于群集,这就意味着具有多个国家高新区的地区往往较易产生集聚效应,进而因知识溢出、分工细化和规模经济等有利条件会在新技术和新产品研发方面表现更好[242,306]。那么,在"一市一区"和"一市多区"两种不同的布点形式下,国家高新区对产业结构转型升级的影响是否存在异质性呢?笔者将国家高新区总体样本按照布点形式分为"一市一区"和"一市多区"两种情况,分别检验国家高新区对产业结构转型升级的"市—区"布点异质性,具体结果如表8-8所示。

表8-8 国家高新区对产业结构转型升级的"市—区"布点异质性检验

变量	"一市一区"			"一市多区"		
	ais1 (1)	ais2 (2)	theil (3)	ais1 (4)	ais2 (5)	theil (6)
did	0.0308 * (2.24)	-0.2819 *** (-5.78)	0.0323 (-0.33)	0.0464 *** (5.31)	-0.2084 *** (-6.59)	0.0357 (2.11)
control	YES	YES	YES	YES	YES	YES
时间效应	YES	YES	YES	YES	YES	YES
地区效应	YES	YES	YES	YES	YES	YES
_cons	1.8760 *** (69.91)	-0.0203 (-0.33)	0.2952 *** (9.11)	1.8173 *** (44.93)	-0.1317 (-1.19)	0.3787 *** (10.20)
N	3620	3603	3619	1934	1921	1934
R^2	0.4897	0.6185	0.1791	0.4605	0.6230	0.2739

根据表8-8中第(1)-(6)列可知,在"一市一区"和"一市多区"两种布点形式下,国家高新区对产业结构转型升级的作用基本一致,即对产业结构高

度化的量均具有显著促进作用，对产业结构高度化的质均具有显著抑制作用，对产业结构合理化均无显著影响，与基准模型所得结论一致。

具体而言，从国家高新区对产业结构高度化的量的影响来看，"一市一区"情形下的影响系数为 0.0308，"一市多区"情形下的影响系数为 0.0464，"一市多区"情形下的国家高新区对产业结构高度化的量的促进作用更大；从国家高新区对产业结构高度化的质的影响来看，"一市一区"情形下的影响系数为 -0.2819，"一市多区"情形下的影响系数为 -0.2084，"一市多区"情形下的国家高新区对产业结构高度化的质的抑制作用更小。由于我国高新技术产业园区集聚效应不高，未能形成"创业小生态"和集体学习机制，企业之间缺乏有效的联系[307]，没有形成自上而下的凝聚力，国家高新区也仅仅是地理上的"形聚而神不聚"[242]，抑或"集而不聚"[243]，"一市多区"情况下的国家高新区并未受益于集聚效应所带来的创新效率提升和企业关联协同发展等优势，依旧未能有效促进产业结构高度化的质和产业结构合理化。

三、区域异质性检验

现有研究发现区位条件是影响高新区绩效的关键因素[203,308-309]。一般而言，具备优势区位条件的国家高新区往往具有便捷获取要素资源、交易成本较低等优势，从而也具有相对较高的绩效水平。对疆域辽阔的中国而言，地区之间面临发展不平衡不充分的问题也更为严峻，各个国家高新区之间发展水平也高低不一。那么，国家高新区对地区产业结构转型升级的影响是否具有显著差异呢？本节将检验国家高新区对产业结构转型升级的区域异质性。笔者将 285 个地级市划分为 98 个东部发达城市（eastcity）和 187 个中西部欠发达城市（mid-westcity）两个等级，通过引入中国城市区位等级分类指标对基准模型式（8-5）进行扩展，具体模型设定如下：

$$upis_{i,t} = \beta_0 + \beta_1 did_{i,t} \times cityposition + \beta_2 x_{i,t} + \eta_t + \mu_i + \varepsilon_{i,t} \tag{8-6}$$

其中，cityposition 是 98 个东部发达城市和 187 个中西部欠发达城市的区位等级变量，β_1 度量的是处于不同区位等级城市的国家高新区对产业结构转型升级的影响。当考察处于东部发达城市的国家高新区对产业结构转型升级的影响时，设定 eastcity = 1，mid-westcity = 0；当考察处于中西部欠发达城市的国家高新区对产业结构转型升级的影响时，设定 mid-westcity = 1，eastcity = 0，具体回归结果如

表8-9所示。

表8-9　国家高新区对产业结构转型升级的区域异质性检验

变量	ais1 （1）	ais2 （2）	theil （3）	ais1 （4）	ais2 （5）	theil （6）
did×eastcity	0.0094 （1.30）	−0.3532*** （−8.48）	−0.0045 （−0.37）			
did×mid−westcity				0.0474*** （9.86）	−0.2396*** （−10.90）	0.0600*** （5.47）
control	YES	YES	YES	YES	YES	YES
时间效应	控制	控制	控制	控制	控制	控制
地区效应	控制	控制	控制	控制	控制	控制
_cons	1.8859*** （71.35）	−0.0544 （−0.86）	0.3017** （9.50）	1.7547*** （50.04）	−0.1845 （−1.62）	0.4545*** （8.94）
N	3695	3678	3694	3464	3450	3463
R^2	0.4876	0.6248	0.1768	0.4878	0.6248	0.1770

根据表8-9第（1）列和第（4）列可知，中西部欠发达城市的国家高新区对产业结构高度化的量具有显著促进作用，而东部发达城市的国家高新区对产业结构高度化的量的促进作用在统计上不显著，而且从影响系数上来看，中西部欠发达城市的国家高新区对产业结构高度化的量的促进效应明显高于东部发达城市，可能的原因是，中西部地区多以农业为主，第二产业和第三产业发展相对落后，而以高技术产业制造业和高技术产业服务业为主的国家高新区的设立对带动该地区产业结构高度化的量的作用将更加明显，而在东部发达地区，伴随经济的持续发展以及"服务化"趋势的明显增强，第二、第三产业的发展相对比较完善，所占份额亦相对较高，此时，国家高新区的设立对提升当地产业结构高度化的量的作用反而较弱。可见，在经济相对欠发达的地区，国家高新区更多扮演的是"雪中送炭"的角色，对当地经济发展的带动作用和辐射作用更大；在经济发达地区，国家高新区多属于"锦上添花"，其对经济发展的边际效应较小[305]。与此同时，这也意味着伴随国家高新区对产业结构高度化的量的持续提升，当前国家高新区的发展模式和水平对东部发达城市产业结构高度化的量的促进作用率先达到了门槛上限，呈现明显的边际效应递减趋势，而对中西部欠发达城市产业

结构高度化的量的促进效应还正处于上升通道，尚未达到门槛上限，仍呈现明显的边际效应递增趋势，从而说明位于东部发达城市的国家高新区进行"三次创业"，实现改革发展任务的严峻性和紧迫性。

根据第（2）列和第（5）列可知，国家高新区对产业结构高度化的质的影响不存在区域差异，由于国家高新区发展整体面临全产业链创新不足以及劳动生产率低下等原因，致使无论位于东部发达城市还是中西部欠发达城市，国家高新区均未积极发挥对产业结构高度化的质的提升作用，进一步验证了国家高新区亟须进行"三次创业"以实现突破性改革。

根据第（3）列和第（6）列可知，国家高新区对产业结构合理化的影响存在显著区域差异，东部发达城市的国家高新区对产业结构合理化的影响并不显著，而中西部欠发达城市的国家高新区对产业结构合理化产生了显著的抑制作用，这说明与位于东部发达城市的国家高新区相比，位于中西部欠发达城市的国家高新区因地域、资源、公共服务设施欠佳，往往更难吸引与之配套的高端人才和产业工人，降低了资源的合理配置效率和产业之间的关联程度，限制了产业结构合理化。

本章小结

国家高新区经过 30 余年的发展，已经成为新时代落实创新驱动发展战略，推动中国经济实现高质量发展的重要载体。本章利用 1994–2015 年中国 285 个地级市面板数据，采用双重差分法分析了国家高新区对产业结构转型升级的影响。研究发现：①国家高新区能显著促进产业结构高度化的量，但未显著促进产业结构高度化的质和产业结构合理化；②国家高新区对产业结构转型升级的影响存在明显的成长周期异质性，"成熟型"国家高新区较"成长型"国家高新区对产业结构高度化的量的促进作用更为显著；③在"一市一区"与"一市多区"两种布点情形下，国家高新区对产业结构转型升级的影响不存在明显差异，均能显著促进产业结构高度化的量，抑制产业结构高度化的质；④东部发达城市的国家高新区对产业结构高度化的量与产业结构合理化的影响不显著，而中西部欠发达城市的国家高新区对产业结构高度化的量具有显著促进作用，且对产业结构合理化产生了显著抑制作用。本章研究发现国家高新区对产业结构转型升级具有复杂性，但总体而言，设立国家高新区并未显著推动中国产业结构转型升级，这给中国产业结构调整和高质量发展带来了严峻挑战。未来要深入推进国家高新区按照发展高科技、培育新产业的方向转型升级，开展区域全面创新改革试验，建设创新型省份和创新型城市，培育创新驱动增长点，增强创新驱动对产业结构转型升级的辐射带动功能。

第九章　创新驱动促进产业结构转型升级的国际经验及启示

以创新驱动加速产业结构转型升级已经成为世界各国提升竞争优势的主要途径。为了更好地贯彻和落实中国创新驱动发展战略，实现以创新驱动带动中国产业结构转型升级，需对世界各发达国家创新驱动促进产业结构转型升级的经验进行分析和总结，取其精华，去其糟粕，在未来发展过程中以先发国家的经验教训时刻鞭策笃行。

第一节　发达国家创新促进产业结构转型升级的国际经验

一、美国创新驱动促进产业结构转型升级的经验

（一）健全的体制机制保障

美国是世界实施创新驱动战略的"领跑者"。在创新驱动产业结构转型升级的过程中，美国政府起到了积极的资助和引导作用，尽管政府并不参与其中，但政策、法规的制定为企业生产和产业升级营造了适度宽松的营商环境，为企业创新发展提供了制度保障。美国是一个创新驱动强国，拥有支持科技创新的相对健全的法律和政策体系。最著名的就是1790年颁布的《美国专利法》，之后经过修订和完善，该法奠定了现代美国专利制度。此后，美国还出台了《拜杜法案》，加之美国完善的教育制度、充分自由的市场机制和政治制度等，均为美国的科技创新提供了优质的发展土壤，极大地推动了美国创新发

展。在创新政策制定时，美国十分注重中小创业企业对创新技术的开发与应用，重视通过政府采购等方式加强小微企业创新创业能力的培养，这有力保障了美国的创新创业协同发展。

（二）重视基础研究开发

美国是世界上科学研究能力、产业创新能力和经济发展实力最强的国家，对研发的投入也最多。长期重视基础研究是美国创新发展的一大特色，也是美国长期发展所形成的优良传统。在美国的研发投入体系中，联邦政府、企业以及非营利组织加大对基础研究的投入力度，使基础研究投入占研发经费的比例在半个多世纪以来稳定保持在13%–20%[310]。1945年，《科学——没有止境的前沿》中揭示出美国对基础研究极其重视，该报告提出了美国基础研究60年的发展规划，并明确指出基础研究产生新知、提供科学的资本。基础研究可以增加知识储备，获得知识的实际应用。新原理和新观念优势源自科学研究工作中的艰辛开发。无论一个国家的机械技艺多么高明，如果它在新基础科学知识上依赖于其他国家，那么，它的工业进步将是缓慢的，世界竞争地位亦将比较薄弱。美国对基础研究的重视及其自身发展大致经历了醒悟阶段（20世纪40年代中期至50年代中期）—推进阶段（20世纪50年代后期至60年代末期）—徘徊阶段（20世纪60年代末至80年代初）—固本阶段（1983年以后）。经过多年的发展，美国的基础研究经费占GDP的比重已于2013年达到0.48%，而中国这一比重在2016年仅为0.11%。①

（三）不拘一格的人才引进战略

美国拥有全球最大的人才知识储备，对科技创新的发展在世界具有绝对优势。美国以其多样、开放、包容的多元文化持续吸引着世界优秀人才，其中，最常见的是以优惠的资助政策、实惠的移民条件、健全的社会服务体系等吸引大量国外优秀留学生等优质人力资本。同时，美国移民法对允许移入美国的人员进行了更为宽泛的规定，即对国外专家、学者与教授等高端人力资本，取缔一切以年龄、信仰、国籍、血统与种族等为要求的限制，均接受此类人员优先移民。这在很大程度上放宽了高等人力资本移民美国的条件和要求，为持续提升美国的人力

---

①　笔者根据《中国科技统计年鉴2017》相关数据整理得出。

资本储备和创新实力提供了有力的智力保障。

（四）良好的产学研创新生态系统

美国长期引领世界创新发展方向，加速实现创新驱动发展得益于其本身拥有良好的集企业、研发机构、高等学校、政府以及其他机构于一体的创新生态系统。此外，以产学研互促发展，带动产业结构转型升级已经成为美国的一大亮点。为了加强产学研合作，鼓励科技成果转换，美国紧跟时代发展需要，及时制定了一系列相关法律法规，很大程度上发挥了美国高校云集所形成的集聚效应，并依托大学推动产学研合作形成了以"硅谷"、波士顿"128公路"、三角科技园等为典型代表的世界著名产业集群，有效增强了产业集群的集聚水平和区域专业化水平，加速推动了美国以创新驱动实现产业结构转型升级的步伐。

二、日本创新驱动促进产业结构转型升级的经验

（一）日臻成熟的国家创新系统

在政府主导型创新驱动发展理念的引导下，日本以政府为主导、以企业为主体、以大学和科学研究开发机构为一体的官产学研体系已日臻完善，以"技术立国"的创新文化显著推动了日本科技能力在全球地位中的快速攀升。近年来，随着产学研体系的进一步发展和成熟，日本的产学研合作又有了新的延伸，并开拓了更加广阔灵活的发展空间，出现了大学、金融机构以及技术转移机构之间的广泛合作与深度融合。同时，在创新发展过程中，日本还将"国民参与"作为科技创新的基本原则，赋予全体国民以绝对的参与权与监督权，旨在搭建科技创新与民生之间的互动桥梁，提高科技创新成果的转化率，加速科技创新成果的市场化应用和产业化生产。这种多元主体参与的创新驱动模式是推动日本成为科技强国的持久动力。

（二）完善的政策法规体系

在推动技术创新发展的过程中，日本已经建立起一套相对完善的政策法规体系。为扭转以往侧重引进和模仿国外先进技术的被动局面，日本早在1995年就颁布了《科学技术基本法》，并组建了以综合科学技术会议为科技政策的最高决策机构，为日本的科技发展提供了法律依据。之后，日本又相继制定了多个五年科技发展计划（见表9-1），赋予了日本科学技术振兴事业团、日本科学政策研

究所、日本学术振兴会等多个科研机构执行权和监管权，极大地促进了日本科学技术的发展。

表 9–1　日本科技发展五年规划

科学技术规划	时间跨期	发展方向
第一个科学技术规划	1996–2000 年	着力增强日本整体创新实力，为科技发展制定全面系统的政策
第二个科学技术规划	2001–2005 年	推动基础研究；改革科技体制；创造和使用优秀成果
第三个科学技术规划	2006–2010 年	创造知识、运用知识为世界做贡献；增强国际竞争力和可持续发展能力；提升国家安全稳定和生活质量
第四个科学技术规划	2011–2015 年	科学技术创新政策一体化；重视人才及支持组织的作用；实现技术与社会同步发展
第五个科学技术规划	2016–2020 年	以制造业为核心创造新价值和新服务、强化科技创新的基础实力、构建人才—知识—资金的良性循环体系

资料来源：河北省科学技术情报研究院．科技情报快报特刊［N/OL］．（2012–01–16）．https：//max. book118. com/html/2017/0331/98100265. shtm.

同时，为了进一步保证科学技术向现实生产力顺利转化，日本在 2002 年还颁布了《知识产权基本法》，该法确立了以"知识产权立国"的基本国策，有效保障了科技工作者和创新人员的知识权益，彻底激发了人们的创新热情和创新积极性。此外，日本还于 2007 年制定了《创新 25 战略》，该战略提出要以 2025 年为目标，将日本打造成为世界创新范本。为了强化"创新立国"目标，该战略制定了以强化创新体制为内容的技术革新战略路线图和社会体系改革战略路线图，两种战略路线图所包含的政策措施如表 9–2 所示，这为推进日本实现"创新立国"提供了政策保障。

（三）较高的科技成果转化率

日本是世界公认的创新成果高转化率国家，这主要得益于日本所形成的多元化创新主体的协同作用。在日本，这种多元技术创新主体不仅包括企业、大学、科研机构，还包括政府。首先，基于这种多元化主体参与的协同创新模式在创新过程中综合考虑了创新的研发、调试、现实转化以及大规模生产可能产生的各种问题，进而能从源头上解决"唯创新而创新"的片面思维，避免创新成果"束

表 9-2　日本长期战略指针"创新 25"的具体内容

创新战略内容	具体措施	
技术革新战略路线图	①推进能尽快回报社会的研究项目	
	②在不同领域战略性地推进研究开发	
	③推进挑战性的基础研究	
	④强化研究开发体制的创新功能	
社会体系改革战略路线图	当前课题（五大领域，共计 146 项）	①建造有利于创新的社会制度环境
		②充实与强化教育投资
		③实施大学改革
		④提高环境、能源等方面的科学技术水平
		⑤促进国民意识改革
	中长期课题（五大领域，共计 28 项）	①构建一生健康的社会
		②构建安全、安心的社会
		③构建实现多元化人生的社会
		④构建为解决世界性课题做出贡献的社会
		⑤构建对世界开放的社会

资料来源：刘湘丽．日本的技术创新机制［M］．北京：经济管理出版社，2011.

之高阁"。其次，日本政府颁布了大量法律法规以支持科技成果转化。其中，最具代表性的是 1998 年颁布的《大学技术转让促进法》，极大地促进了大学与企业之间的合作开发与沟通交流，提高了科技成果转化率。2000 年《产业技术力强化法》的颁布实施对强化产业技术竞争力、激活各创新主体转移成果、推进民间技术走向实用以及培养产业技术人才等方面做了明确规定，为促进日本持续创新提供了保障。最后，日本政府还协同地方搭建了产学研合作科技成果转化的平台，极大便利了科技成果在转化过程中遇到的种种问题，为推进科技成果产业化和市场化提供了有力支撑。

三、韩国创新驱动促进产业结构转型升级的经验

（一）以创新企业为龙头促进产业赶超发展

在创新驱动发展道路上，韩国从"主导追赶经济"向"服务创新经济"的职能转变，展现了一个后发国家从基础薄弱的产业经济体成长为世界强国的转

型过程。在此过程中，韩国首先培育出了一批创新型龙头企业，并以此作为经济创新的增长点向外辐射带动，推动并加强了整个产业的基础技术积累和配套生产技术条件。与此同时，韩国特别重视中小企业创新，尤其是鼓励中小企业进行颠覆性创新。韩国的科技创新体系注重"自下而上"的能力培养模式，而非传统的"自上而下"，如果企业缺乏自主知识产权，就不会得到政府的支持，更不会得到民众的认可。因此，韩国企业往往具有较强的研发意愿和创新动力[310]。政府对企业创新发展给予了高度重视，并在 2005 年实施了《中小企业技术创新五年计划》，大力扶持风险企业和中小企业创新发展，鼓励中小企业提高研发能力。同时，对高新技术企业融资提供适当的优惠政策，包括资金支持、信贷担保等，刺激风险公司资本增长，引导金融资本向高技术企业流入等[311]。同时，加强中小企业与大型企业之间的创新互动，并通过集成二者的互补性优势提升产业整体创新能力，构建完善的产业创新生态系统，强化创新对产业结构转型升级的推动作用。

（二）阶梯式创新发展推动产业渐进升级

在创新发展初期，韩国较为薄弱的科技和工业基础决定了需要政府扶持，企业引导企业开展技术引进、模仿和吸收，这在一定程度上加速了韩国的技术发展逐渐向高科技领域渗透。进入 20 世纪 90 年代后，当单纯依靠技术引进已经难以持续带动企业创新发展时，韩国及时调整方向，将重心转移至对先进技术的吸收和改进，通过技术跟踪大力推动高技术产业发展。进入 2000 年以来，韩国开始进入快速跟踪与技术领先并存时期，工作重心也转移到国家创新系统建设方面，通过持续提升的科技创新能力，推动创新产业等战略新兴产业发展（见表 9-3）。

表 9-3 韩国创新与产业发展的特征

阶段	时间	人均 GDP（美元）	技术特征	发展战略	产业选择	政策着力点
引入模仿阶段	20 世纪 50-60 年代	50-1700	技术引进	工业立国贸易兴国	重化工业	培育创新型龙头企业
	20 世纪 70-80 年代	1700-6000	技术吸收	科技立国	高技术产业	

续表

阶段	时间	人均GDP（美元）	技术特征	发展战略	产业选择	政策着力点
吸收、改进阶段	20世纪90年代	6000-10000	技术跟踪	创造性发展战略	ICT产业	扶植中小企业创新
自主创新阶段	2000年以来	>10000	技术领先	新增长战略	创造经济创意产业	建设创新系统

资料来源：黄辰. 韩国创新驱动发展路径与政策分析［J/OL］. （2018-05-19）. http：//www. sohu. com/a/232210065_465915.

（三）重视人力资本培养

对于本国人才的培养，韩国特别重视科技精英教育。早在20世纪80年代就发起了面向21世纪基础教育改革的运动，并先后修订颁布了多部法律以规范国内教育市场，如《韩国教育法》（1998年修订）、《英才教育促进法》（2002年修订）、《社会教育法》（1982年颁布，该法首次提出终身教育的表述）、《终身教育法（平生教育法）》（1999年颁布，2007年修订）。同时，韩国所拥有的享誉全球的企业培训和发展规划机制为社会输送了大批优秀人才，这是企业不断取得竞争优势最重要的资源保障之一。之后，韩国又相继启动了"国家战略领域人才培养综合计划"（2001年）、"地方创新人力资源培养计划"（2003年）等，为人才培养和创新研发提供了政策保障。此外，韩国在引进人才方面具有灵活的政策规定，为了兼顾本国人才不外流和招揽外国高级人才双重目标，韩国曾在一段时间内推行有条件地允许拥有双重国籍政策。韩国还重视引入人才的多样性，包括研究教育性人才以及企业活动型人才等多元方向的优质人才。

（四）基础研究投入处于世界领先地位

以政府为主导的科技投入模式和政府将技术战略重心由国外技术引进转向国内自主研发，使韩国加大了对基础研究的投入强度。与此同时，韩国政府也加强了对基础研究的支持，曾先后于1977年建立韩国科学财团（即韩国科学与工程基金会，KOSEF）、1978年开始每年制定"基础科学研究实施计划"、1979年颁布《学术振兴法》、1981年设立韩国学术振兴基金会（即韩国研究基金会，KRF）、1989年出台《基础科学研究振兴法》、1990年颁布《基础科学研究振兴法施行令》等一系列政策，极大地促进了韩国在基础研究领域的领先发展。1994 年 5 月，韩国国家科学技术理事会制定了《基础科学研究振兴综合计划》，该计划为期 5 年，目标是使韩国基础科学研究实力在 2010 年达到世界前 7 位，进一步加强对大学基础研究的全面支持。同年 11 月，韩国科技政策研究会向政府提出《2010 年科学技术发展长期计划》的科技政策建议，在"基础研究"部分提出要完善大学研究制度，加强对大学基础研究的支持力度，建立产业和大学合作基础研究体制，设立产业大学合作基金[312]。经过相关政策的推广与落实，韩国基础研究投入占 GDP 的比重于 2013 年已达到 0.73%，远高于 2013 年的美国（0.48%）、2015 年的日本（0.42%）以及 2016 年的中国（0.11%）①。

四、新加坡创新驱动促进产业结构转型升级的经验

（一）政策引导和政府支持双管齐下

作为一个由创新活动主导的发达经济体，新加坡依靠创新驱动促进产业结构转型升级离不开政府的政策引导。早在 1991 年，新加坡就已经成立国家科技局，开始制定实施国家科技发展的五年计划。如今，已经相继启动实施了六个"五年计划"。在政府的政策引导和资金支持下，新加坡创新驱动发展取得了阶段性显著成果，所营造的良好的科技发展环境持续推动相关重点行业领域快速发展。新加坡科技与产业发展阶段情况如表 9-4 所示。

表 9-4　新加坡科技与产业发展阶段

五年计划	实施阶段	政府投入（新加坡元）	发展目标	重点领域
第 一 个 五 年计划	1991-1995 年	20 亿	主题为《国家技术发展规划》，建立和完善研究设施，如公共研究所和科学园区，资助本地企业投入研发、更新技术	信息技术、电子系统、制造技术、材料技术、能源与环境、生物技术、食品和农业、医疗科学

---

① 笔者根据 2017 年《中国科技统计年鉴》相关数据整理得出。

五年计划	实施阶段	政府投入（新加坡元）	发展目标	重点领域
第二个五年计划	1996-2000 年	40 亿	主题为《第二个国家科技规划》，招募大批研究人员和工程技术人员，营造良好的研发环境，提高创新能力和科技成果转化率	先进制造技术、微电子、新材料、生物和药品、信息技术、环境
第三个五年计划	2001-2005 年	70 亿	主题为《科技规划 2005》，加速推动基础和应用研究，增强公共研究所和大学创新能力，降低企业风险，鼓励技术转移和创新创业	信息与通信、电子制造、生命科学
第四个五年计划	2006-2010 年	135.5 亿	主题为《科技规划 2010：创新驱动的可持续发展》	电子、信息通讯与媒体、化学制品、工程
第五个五年计划	2011-2015 年	161 亿	主题为《研究、创新、创业 2015：新加坡的未来》	电子、生物医药、信息通讯与媒体、工程、清洁技术
第六个五年计划	2016-2020 年	190 亿	主题为《研究、创新、创业 2020：用科技赢未来》，进一步推动新加坡全社会的研究、创新与创业发展	先进制造业技术、保健与生物医药科学、城市方案与持续发展、服务与数码经济

资料来源：①李满. 新加坡：依靠创新实现产业升级［J］. 金融博览，2010（1）：36-37.②纪慰华. 新加坡"研究、创新和企业 2025"重塑后疫情时代增长动力［M/OL］.（2022-03-01）. https：//www. pishu. cn/cxqdfz/cxqy/qwgd/580162. shtml.

（二）激发微观企业创新活力

新加坡是一个新兴工业化国家，国家创新系统的建设强调吸引并支持全球跨国公司把日益先进的技术转移到新加坡，并建设相关基础设施和人力资源以便迅速吸收和开发新技术[313]。在新加坡，中小企业占比较大，且较多分布在制造业和服务业，这为推动新加坡经济发展发挥了重要作用。新加坡特别重视对企业，尤其是中小微企业和成长型企业的研发支持，并针对性地采取一系列扶持措施。其中，2000 年制定的《新加坡中小企业 21 世纪 10 年发展计划》（SME21）旨在

10 年之内增强中小微企业实力。2003 年科技研究局开始实施的"技术企业提升计划"用以扶持成长型科技类中小企业。在新加坡持续完善各种配套设施以引导中小企业走科研创新之路的过程中，以 2009 年 3 月由标新局（标准、生产力与创新局）提出的创新券政策最具代表性，其目的是在创新领域促进中小微企业更好地连接知识结构，促进知识转移并为中小微企业科技创新提供全方位服务。之后，新加坡又陆续出台了多个政策用以支持中小企业创新发展，包括成长企业科技提升计划、科技创新计划、能力发展计划、企业科技商业化计划。2013 年起，新加坡又提出了提升企业能力合作计划、国际企业合作计划、能力发展津贴等，大大加快了新加坡中小企业创新研发的步伐。

（三）阶段性人力资本培养模式

在创新驱动促进产业结构转型升级的过程中，新加坡根据创新与产业发展阶段的具体现实，重视不同阶段人力资本的培养。在新加坡独立后的第一个 10 年内，通过建立职业技术培训机构来培训产业工人；从 20 世纪 70 年代中期到 80 年代中期，通过快速扩张综合技术教育以及专门技术培训来培养更先进的技术人员和工程师；20 世纪 80 年代末，新加坡增加了技术性大学的学生人数，以此来加强企业工程师和技术人员的在职学习；到 20 世纪 90 年代，新加坡进一步增加了全球跨国公司、高技术公司、高等教育研发部门以及公立研究机构的各项研究活动，极大地促进了新加坡科研人力资源开发的步伐。此外，新加坡政府始终坚持引进外国人才的政策，其中，中国和印度次大陆为新加坡提供了大量专业技术人才。2001 年 12 月新加坡成立的经济审查委员会提出了加快引进人才的新政策，为加速新加坡创新驱动发展提供了坚实的人力资本保障。

五、以色列创新驱动促进产业结构转型升级的经验

（一）浓郁的民族创新精神

在世界上众多国家中，以色列是资源匮乏的中东小国，但正是由于以色列自然资源的匮乏，使以色列自始至终都将经济发展重心放在如何依靠本国已有资源，来发明创造经济发展所需的其他要素资源。在此过程中，思想和创造力被以色列人民认为是重要的资源，可以被无限开发利用。当经济发展过程中缺少任何一种要素资源时，以色列都会通过开发智力来创造生产该资源的方法或者革新获取该资源的商业模式。资源的"穷"（匮乏）激发了以色列的"变"（创新），

从而加速了以色列在创新方面的突破式发展，使以色列上至国家、行业和企业，下至生活小发明等创新活动无处不在。可以说，以色列的创新已经深入人心，融入生活，成为以色列人民血液中流淌的创新精神，成为民族历史传承中的"创新基因"。与此同时，以色列人民包容失败的创新，他们认为失败的创新同样创造了价值，并为后来企业的探索验证了一条创新无法实现的道路，避免后来企业重蹈覆辙，故它也具有"剩余价值"。正是凭借这种卓越的创新能力，以色列被誉为"袖珍超级大国"和"创新的国度"，成为世界上"第二个硅谷"。

（二）高效的创新效率政策体系①

以色列的创新驱动发展战略与产业发展以及经济发展在总体上呈现紧密的联系，整体而言，具有较高的创新效率。首先，以色列的基础性创新研发支持政策具有较为悠久的历史，早在很久以前就出台实施了基础创新鼓励政策，该政策放松了对申请企业的规模要求，认为只要符合研发项目申请者实施、研发产品在以色列境内生产、研发技术的专利成果不得转让或者出售给第三方等条件，政府最高可提供占其研发预算成本50%的支持资金，对民用产品的工艺创新可提供不高于其研发预算成本30%的支持资金，军用产品这一比例为20%。其次，为了重点扶持前期阶段的创新型企业发展，以色列在1991年推出了"孵化器"方案，政府为孵化器（园区）的企业提供了多项咨询服务，包含技术评价、市场能力建设、研发规定制定、研发团队组建、融资和法律等，为孵化器（园区）的企业营造了良好的发展环境。再次，以色列于1993年实施了"磁石"项目，重点支持生物技术、纳米技术等技术研究和应用研究领域。同时，由相关企业和研究机构组建的大型研发联盟极大地推动了科技创新成果转化，加速形成了由"科学"向"产业"的转移路径。最后，考虑到科研成果具有较为强大的经济效应以及原创技术来源受过渡"市场导向"的影响，构建协调基础研究和应用研究的技术产业化机制是加速创新成果产业化生产和市场化应用的有效途径。对此，以色列以大学和研究机构为依托，成立技术转移公司，通过高校、研究机构和技术转移公司的合作运营，加速技术成果转化，推动科研成果服务社会，造福人类。

---

① 笔者根据《以色列的创新驱动发展战略》整理得出，http://www.forestry.gov.cn/portal/xxb/s/2529/content-904893.html。

（三）重视创新型人才培养

以色列非常重视创新教育，对国民的创新教育广泛存在于家庭、学校和社会中。早期，以色列《义务教育法》将所有5–14岁的儿童纳入义务教育的普及范围；到2001年，该范围进一步扩大至3–18岁，扩大了义务教育的覆盖面。对于以色列人民而言，创新的机会和可能源自一般人认为的不可能做到的事情。就大学教育而言，以色列特别注重培养大学生的创新创业能力，对每个大学成立的孵化器都会给予积极全面的资金扶持，极大地激发了学生的创新创业热情。以色列曾于20世纪70年代开始实施"天才培养计划"，旨在培养"天才级"的创新人力资本。以色列强大的全民创新能力的培养离不开政府的资助，应该说，以色列政府极其重视国内教育发展，其对教育的投入在世界上首屈一指。自20世纪70年代中期以来，以色列的教育经费占GDP的比重始终维持在8%以上，这一比例远高于美国、英国等发达国家[①]。

（四）完善的法律体系保障

以健全的法律法规体系为保障是以色列创新驱动发展的又一亮点。早在1985年，以色列就颁布实施了《鼓励工业研究与开发法》，确立了以研发立国、科技立国的总体创新发展思路，并为倡导创新、鼓励创新提供了法律依据。此外，以色列还是世界上成立新公司门槛较低的国家之一。世界银行《营商环境报告》统计显示，在以色列仅需13天就可以成立一家公司[②]，而这主要得益于以色列于2000年生效的《公司法》。与此同时，《投资鼓励法》（1959）、《工业研究与发展促进法》（1984）、《国家民用研究与发展理事会法》（2002）和《以色列税收改革法案》（2002）等的颁布实施对促进创业以及高科技产业发展具有积极的推动作用。为了鼓励高技术公司投资，加快实现以创新驱动高技术产业发展，以色列还于2011年颁布了《天使法》。同时，知识产权制度在以色列也得到了严格的贯彻与落实，以色列通过《专利法》《产权法》《商标条令》《版权法》等保护知识产权，极大地促进了以色列的创新发展。

---

① 笔者根据《以色列如何成为创新驱动型国家》整理得出，http：//theory. jschina. com. cn/syzq/jj/201611/t3100499. shtml。

② 笔者根据《以色列的创新驱动发展战略》整理得出，http：//www. forestry. gov. cn/portal/xxb/s/2529/content-904893. html。

第二节 对中国的启示

一、完善社会主义市场经济体制和法律体系建设

在实施创新驱动产业结构转型升级的过程中，发达国家以企业为主体、政府为主导，并辅之以相对健全的知识产权保护体系加速推进创新对产业结构转型升级的带动作用。其中，政府对企业创新给予资金支持并引导产业发展方向，尽可能为主体企业发展营造自由竞争的市场环境，最大限度激发企业的创新热情；完备的知识产权保护和法律体系建设明确创新主体对创新成果的所有权，减少了创新因外部性给创新主体带来的利益损失，提高了创新主体的积极性与主动性，活跃了创新市场。中国在经历了从计划经济向市场经济转型之后，市场经济取得了长足发展。未来中国应进一步为企业创新发展提供自由宽松的环境，发挥好企业在创新驱动发展过程中的主体地位，尤其是中小企业在创新活动中的主体地位。同时，要进一步加大知识产权保护力度，不断健全、完善相关知识产权法律体系建设，维护创新人员的知识权益。此外，还要注重科技创新成果的转化，打通"科技—经济"梗阻，加速科技创新成果向实际生产力转化，实现产业化和规模化生产经营，将创新驱动促进产业结构转型升级落到实处。

二、加大基础研究投入力度

基础研究是国家实现自主研发、提升自主创新能力的关键。根据前文可知，美国和韩国等发达国家在实施创新驱动发展过程中均十分重视以实用型创新为主的基础研究投入，而且伴随创新发展的持续深入，基础研究的投入比重均有不同程度的提高，研发经费的持续增加与研发投入结构的持续优化是提升各国创新驱动发展能力的重要保障。可以说，基础研究是科学之本，国家发展所需的新知识只有通过基础研究才能获得。而中国的基础研究投入占比一直处于较低水平，与其他发达国家之间存在很大差距，未来中国应该不遗余力地加大和强化政府、企业、研发机构和高校等创新主体对基础研究的经费投入，改变以往"重应用轻基础"的研发经费投入结构。但在提高基础研究投入时，也不能盲目追求总量的增

加，因为如果研发投入强度过高，会加重国家的经济负担，而研发投入强度过低，会降低国家经济发展的知识基础，削弱国家的持续竞争优势。因此，中国应该适度增加基础研究投入力度，而各创新主体在基础研究投入上也应该保持适当的比例，最大化提高资金的使用效率，从根本上提升中国自主研发能力，带动产业结构转型升级。

三、重视人才培养和优质人力资本引进

创新是一个国家实现竞争优势的关键动能，人才是推动创新的首要资源，创新驱动的实质是人才驱动。在全球创新驱动发展过程中，人力资本已经成为各国竞相追逐的核心要素，并不同程度地提出优厚的待遇条件和宽松的人才引进政策，旨在最大程度吸引国际优秀人才，充实国家的人力资本储备，为未来的创新驱动发展提供持久的智力保障和动力源泉，以加速推动产业结构的高端化和高附加值化，提升自身在全球分工体系中的地位。中国是人才大国，但非人才强国。目前，中国在人力资本储备方面面临两个主要问题：一是国内优秀人才外流严重，二是国外优秀人才引进困难。借鉴国外发达国家对人力资本的引进策略，未来中国一方面要革新教育制度，为培育优质的、符合国际化标准的人才营造良好的发展环境；另一方面应持续吸引全球高端人力资本入华发展，以科学合理的教育体制、明确的科研奖惩规范、舒适的科研生活环境、优厚的科研工作待遇等吸引高端优质人力资本回国、入华发展，以完备的生活保障机制激励高端人才全身心投入科研工作，提高科研绩效，增强创新驱动对产业结构转型升级的积极带动作用。

四、多元主体参与，推动全面创新驱动发展

各国都在不同程度地强化企业、高校、研发机构以及金融机构等多元化主体参与的全面协同创新，并鼓励国民积极参与、实施监督，在加速增加创新产出的同时，提高创新成果转化，以创新成果的市场化、产业化，不断改造传统产业、衍生新兴产业，推动产业结构转型升级。未来中国全面实施创新驱动发展战略的重中之重是借鉴国外发达国家的先进经验，在推动企业、研发机构和高校等多主体参与的产学研模式中纳入政府引导、市场竞争、金融支持、人民参与等多元要素，趁势把握好"大众创业，万众创新"的历史新机遇，努力将创新驱动推进，以高科技延伸产业链，加速形成产业集群，实现以创新驱动促进中国产业结构转型升级。

第十章 创新驱动促进中国产业结构转型升级的对策建议

基于前文对中国创新驱动指数的测算、创新驱动对产业结构转型升级的作用机制分析、创新驱动对产业结构转型升级的多重影响，以及创新驱动对产业结构转型升级的国际经验借鉴，本章将从以下几个方面提出加快实现创新驱动中国产业结构转型升级，促进中国经济高质量发展的对策建议。

第一节 持续增强中国创新驱动能力

一、完善创新驱动基础建设

创新驱动基础是创新驱动发展的有力保障，前文的分析显示，创新驱动认知基础并未显著推动中国产业结构转型升级，因此，中国要加大对创新驱动基础设施的投入力度，从科技设施基础、智力资本基础以及制度环境基础等方面着手增强我国创新驱动基础。比如，定期开展科技教育宣传活动、举办科技展览、增加科技交流博览会等，通过形式多样、内容丰富的科技教育活动增强全民科普意识，提升人们对新兴科技的兴趣爱好，从意识形态领域加深人们对科技创新的认知，为创新驱动发展提供良好的思想基础。同时，还要提供一系列鼓励全民创新的配套基础设施，持续完善全民创新能力提升支持政策，为多元创新主体营造一个良好的外部环境，积极将"大众创业，万众创新"落到实处。

二、增强基础研究能力

作为新知识的主要来源，基础研究是中国产业技术突破性创新的关键[314]。但由于基础研究本身具有的资金投入高、效果显现周期长、应用链条长等特点，使得具有逐利本性的企业更愿意将研发经费投入在满足市场需求的"短、平、快"等应用型研究方面，致使中国在基础研究方面的投入长期远低于其他发达国家，严重阻碍了中国在创新方面的突破式发展。近年来，虽然中国对基础研究的投入有了明显提升，但是，相较于发达国家，中国的基础研究投入依旧处于较低水平。因此，中国首先应该优化研发经费投入结构，适度增加对基础研究的投入力度，打破以往"重应用轻基础"的研发投入结构，保持基础研究、开发研究与试验发展的动态平衡，提高自主创新能力，推动中国创新驱动发展。其次，考虑到中国创新要素分布的区域非平衡性，在对基础研究进行财政投入和补贴时应适当向中西部倾斜，加强对中西部地区科技创新基础的投入力度，优化创新资源的空间分布，加速区域创新协同发展，有力带动区域特色产业成长与发展，多元化产业结构，助力产业结构转型升级。最后，中国还需提高产业基础研究的资源配置效率，协同增强大学、科研院所以及产业驱动下的基础研究能力，着力促使企业成为产业驱动型基础研究的主体，通过不断提升自主研发能力，加速形成开放性、包容性的创新模式，提升全球创新资源优化配置效率，增强中国基础创新能力及其对产业结构转型升级的持续带动作用。

三、重视人力资本储备

人力资本是创新驱动认知基础的重要内容，是实现创新驱动发展的首要资源，特别是高端人力资本，更是国家破解创新驱动产业结构转型升级的瓶颈和带动中国经济实现高质量发展的核心要素。未来中国要顺利贯彻落实创新驱动发展战略，一要建立灵活多样的人才引进机制，不断丰富和完善现有人才引进机制，满足不同人力资本的多样化创新需求。二要通过优厚的物质待遇和多样的精神激励吸引高端创新人才，特别是全球高端创新人才到中国发展。在科研资金使用中，特别是在智力资本密集（如软件、设计、动漫等创意产业和一些基础性研究）的研发资金使用中，对科研人员的劳动报酬以及人才培养等人力资本支出应予以足够重视[293]。三要持续完善中国现有吸引和集聚高端创新人才的生活、工作环境，增强对全球高端人力资本的吸引力，提升中国人力资本积累。在上述强化人力资本储备的基础之上，还应结合大数据、互联网、云计算、人工智能等高端信息化手段扩大人力资本的空间服务范围，改善人力资本向东部等发达地区过度集中的客观现实，平衡人力资本在东部地区和中西部地区之间的分布格局，加速创新驱动对产业结构转型升级的平衡带动作用。

第二节　完善市场化体制机制建设

一、坚持政府的正确引导

科技创新并非单纯依靠市场力量自发演进。在创新驱动发展进程中，政府支持、政策引导和国家参与起着不可估量的积极作用，适时稳定的政府引导对扶持和带动企业研发基础设施建设具有极大的推动作用，会加速促进战略性新兴产业健康成长[315]。首先，尽管政府对创新者的"外部性补偿"降低和分散了部分创新面临的风险，增强了企业的自主创新积极性和创新热情，但自主创新能力的培养是一个长期过程，政府应该时刻以构筑国家竞争力为发展目标，将现代生产性服务业的培育和发展作为重点，以物质激励和精神激励鼓励自主创新的企业，并通过持续完善各种基础设施降低交易成本，加速实现比较优势向竞争优势转化。其次，政府应在高级生产要素和技术培育中引导扶持具有潜力的战略性新兴产业发展，不断提升地区政府的工作效率。最后，在产业结构转型升级过程中，系统规划和全面协调各产业间平衡发展仍需政府的积极引导。同时，政府还应该强化对高技术产业的组织管理，彻底改变我国各地区各产业之间发展力量分散、市场条块分割的局面，并制定统一长远的产业发展战略规划，适度发布地区相关产业创新政策，科学把握产业创新政策"增长甄别"和"因势利导"作用，规范产业发展、合理产业布局，有效地利用国家人力、物力和财力，推动产业健康、绿色、协调、可持续发展。

二、构建自由开放的市场竞争环境

自由开放的市场竞争环境是创新驱动发展的环境基础，在创新驱动产业结构转型升级的过程中，要充分肯定市场在资源配置中的决定性作用。中国地域广袤，目前区域经济内部的合理化分工和一体化发展尚未完全实现，很大程度上不利于经济自由发展。首先，中国需要打破省际区域分割，破除以往束缚企业创新发展的体制机制"路径依赖"，加速物品、生产要素、投资和技能人才等在区域之间自由流动，合理配置资源，提高资源的产出效率，为企业发展营造一个自由、开放、包容、竞争的创新发展环境，激发企业创新活力，发挥创新驱动的溢出效应。其次，区域创新溢出强度和方向受地方保护主义牵制，而且伴随空间距离的扩大，信息对称程度和创新主体之间的信任关系也迅速衰减，各地区亟须建立充分自由的营商环境以打破地方分割、以邻为壑的局面，加速政府出台相关政策措施，鼓励区域合作交流，通过双边或多边协议，实现共赢。同时，还要进一步加强诚信体系建设，营造诚信合作氛围，降低交易成本，扩大创新外溢半径[293]。最后，在产业发展过程中，完善的市场竞争环境有利于大大提高整个产业的劳动生产率，尤其是提升第三产业的劳动生产率，这将极大地加速实现中国产业结构高度化发展。由于三次产业的结构变动要以产业之间和各所有制企业之间的资源流动为基础[316]，从而决定了消除不同产业之间的体制障碍将有利于促进社会资源在各产业之间和各所有制经济之间的合理流动和有效配置，提高资源配置效率和使用效率，进而加速推动产业结构转型升级。

三、完善金融信贷支撑体系

金融信贷基础是创新驱动认知基础的重要组成部分，是增强中国创新驱动能力和带动产业结构转型升级的物质保障。当下，在现代科技创新体系中，金融体制创新具有极其重要的作用。但由于高技术本身所具有的沉淀成本大、风险高、融资难等特点，更反映出强化风险金融支撑、创新融资制度的必要性与紧迫性。因此，中国一是需要坚持深化金融体制改革和创新金融体制两条路同时走，加快包括银行信贷、投资基金、风险资本等在内的科技投融资支撑体系的建立，不断完善风险投资制度和创业板资本市场制度[315]，极大地降低企业研发所面临的融资约束，杜绝因企业"融资难""融资贵"而出现的无力研发创新等问题，夯实中国创新驱动发展所需的资本基础。二是需要建立完善的金融服务体系，为实体经济创新发展提供充裕的资金保障。金融因实体经济而生，实体经济因金融而兴，创新因金融信贷而旺，金融信贷因创新而广。可以说，金融信贷与产业发展和创新发展具有良性互动关系，良好的金融信贷制度将为创新驱动中国产业结构转型升级提供坚实的物质保障。三是需要放松对中小微企业等民营企业的融资约束，降低中小微企业的融资门槛，彻底解决中小企业融资难、融资贵等问题，激发企业的创新热情和创业动力，充分发挥企业在市场经济发展过程中的主体作用。

第三节　加速科技创新成果转化

一、健全科技成果转化的法律基础

加快实现科技创新成果转化是实现以创新驱动促进产业结构转型升级的最后一个环节，也是其中最关键、最重要的环节。首先，借鉴其他发达国家的经验，相关科技成果转化法律的制定和颁布实施对创新驱动发展具有重要意义。中国虽然曾于1996年颁布实施了《中华人民共和国促进科技成果转化法》，后续亦对其做过多次修订和完善，但仍不免存在疏漏，需对其做进一步补充和完善。其次，要深化知识产权领域改革，以知识产权利益分享机制为纽带加速创新成果知识产权化，引导和支持市场主体创造和运用知识产权，激发企业的创新积极性和科研人员的创新热情，强化知识产权制度对创新的基本保障作用，澄清科技创新成果在转化过程中因产权不清而阻碍创新成果顺利转化等问题。最后，还要根据创新发展的实际情况，依照现实中科技成果转化所遇到的各种新情况、新问题颁布制定相关新的法律法规，持续完善和健全中国科技创新成果转化的法律体系，为彻底实现以创新驱动全面促进中国产业结构转型升级提供法律支撑。

二、强化市场需求性依托

作为创新成果产出的数量大国，中国要提高创新成果的市场转化率，结束以往众多创新成果被"束之高阁"的历史，首先，需要从创新源头上避免"垃圾专利"的产生，要求任何一项创新活动的开展与进行必须以市场需求为依托，提升科技创新成果的质量，实现科技创新成果规模化、产业化经营，持续带动产业结构向全球价值链中高端迈进。其次，要加强企业与市场的直接联系，畅通市场消费者与企业生产部门之间的沟通渠道，使企业能及时捕捉到消费者已经升级的消费需求，加速企业生产升级，进而带动相关产业升级。最后，在市场化导向的创新成果转化过程中，还应该积极探索传统研发机构与市场经济有效对接的新途径，不断丰富创新成果转化的市场化路径和多元化形式，加速实现企业生产与市场消费的完美结合，以多元化持续升级的消费需求结构推动中国产业结构转型升级。

三、加快科技成果转化平台建设

科技创新成果的成功转化不仅需要法律保障和市场依托，还需要加强创新成果转化平台与创新资源的深度融合。中国要最大限度实现科技创新成果的成功转化，一是必须依托高校与科研院所联合打造创新创业孵化中心、企业与高校共同建设技术研发中心或联合实验室等科技成果转化平台，保证创新成果与社会接轨，打通技术创新供给与需求之间的对接渠道，加速推动创新成果向现实生产力转化。在现实中，科研创新活动一般是科研院所、高校和企业等研究机构的共同行为，但所形成的最终能够成功市场化、产业化的创新结晶并不多，低市场转化率意味着创新成果的低质量和低产业化率，未来要辩证看待创新驱动成果的数量产出，确保创新驱动成果产出的数量和质量同步提升。二是中国还需要大力发展互联网信息技术，增强创新驱动发展的信息化基础，结合大数据、人工智能、宽带移动互联网、云计算、物联网等前沿技术加速打造多元化科技成果转化平台，使更多科技创新成果实现市场应用和商业价值。

第四节　以创新驱动加速构建现代产业体系

一、加快多元主体参与的协同创新

创新驱动不是一个孤立的个体，而是综合企业、研发机构、高校等多部门之间的合作开发。中国一是应加强三者之间的协同创新，组建以企业为技术创新载体的各种联盟和共享式研发中心，逐步搭建政产学研多主体参与的多元化、多渠道、高效率的创新研发平台，有效促进各类市场主体融通创新发展，优化中国创新创业生态系统，发挥技术创新对全产业链中各环节的平衡带动作用，提升全产业链整体创新水平。二是要改变传统的以高校和科研院所为中心的技术创新体系及体制机制，为进一步防止"科技—经济"梗阻，政府相关政策落实必须兼顾经济效益。三是应在全球范围内建立企业、研发机构以及高校之间稳定的、多元化的国际协同创新合作伙伴关系，清晰界定科研成果与知识产权的归属以激发各创新主体的创新积极性和创造热情，加速打造出"一批具有国际水平、突出学科交叉和协同创新的国家实验室，加快建设大型共用实验装置、数据资源、生物资源、知识和专利信息服务等科技基础条件平台"①，通过开放、自主式创新构建"创新生态系统"和集体学习机制，加速实现在高科技推动下多元主体参与的协同创新。

二、因地制宜发展特色优势产业

作为现代化产业体系的重要内容，加速区域产业结构优化升级既是区域产业结构顺次发展演化的过程，也是区域特色产业成长的过程。中国一是要以价格反映的要素稀缺性为前提条件，因地制宜结合不同地区的资源禀赋、区位优势、产业发展目标、技术发展水平以及产业之间的关联程度和互补性，合理配置资源，发展具有当地比较优势的主导产业和特色产业，加强不同地区之间的产业互动，提升区域之间的产业关联水平，发挥空间扩散效应与溢出效应，引导地区间产业互动式发展，协同带动全国产业结构转型升级。二是要以一定的地域空间为载体，充分结合区域资源环境的承载能力、开发程度、发展潜力和功能定位，实行因地制宜的差异化区域政策和产业选择，逐渐形成各具特色的区域经济[30]。三是由于地区资源禀赋随时间而发生动态变化，因此，未来还应依据动态化演变的要素禀赋结构，适时调整各地区的主导产业，实现区域主导产业的更迭与变迁，持续推动中国产业结构向高度化、合理化方向发展。

---

① 中共中央　国务院印发《国家创新驱动发展战略纲要》［EB/OL］.（2016-05-19）. www.gov.cn/zhengce/2016-05/19/content_5074812.htm.

三、加速战略新兴产业发展

以创新驱动促进产业结构转型升级，不仅要实现对传统产业的改造与升级，更要实现新要素、新资源带动下的战略新兴产业的崛起。首先，中国应构建具有特色的区域创新发展新格局，"全面加快向创新驱动发展转型，培育具有国际竞争力的产业集群和区域经济……培育壮大区域特色经济和新兴产业"①，不断强化战略新兴产业的开拓与引导，促进战略新兴产业创新发展与升级，提升中国在全球价值链中的地位。其次，要跨地区整合创新资源，提升京津冀、长江经济带、珠三角一体化和粤港澳大湾区等区域科技创新能力，构建跨区域创新网络、互联互通多种创新要素以及联合组织技术攻关，打造区域协同创新共同体，加速创新驱动对中国产业结构转型升级的整体带动作用。再次，要加速推动中国各大科技园区的发展，本着"有所为有所不为"和"高、新、特"的原则，"打造区域创新示范引领高地，优化国家自主创新示范区布局，推进国家高新区按照发展高科技、培育新产业的方向转型升级"②。最后，以高新技术产业集聚为基础加速建设创新型省份和创新型城市，打造新兴产业发展增长极，通过高新技术产业的集约式发展为产业创新发展提供肥沃的科技支撑土壤和物质基础保障。在此过程中，政府应立足长远，结合长期规划与短期调整，将重点放在产业发展之上，并适时制定适宜的产业政策，从根本上解决中国地区创新驱动不平衡、产业结构调整不平衡和经济差距等问题。

①②　中共中央　国务院印发《国家创新驱动发展战略纲要》［EB/OL］.（2016-05-19）. www. gov. cn/zhengce/2016-05/19/content_5074812. htm.

参考文献

［1］刘志彪. 从后发到先发：关于实施创新驱动战略的理论思考［J］. 产业经济研究，2011（4）：1-7.

［2］夏天. 创新驱动经济发展的显著特征及其最新启示［J］. 中国软科学，2009（S2）：113-118.

［3］王伟光，马胜利，姜博. 高技术产业创新驱动中低技术产业增长的影响因素研究［J］. 中国工业经济，2015（3）：70-82.

［4］王玉民，刘海波，靳宗振，梁立赫. 创新驱动发展战略的实施策略研究［J］. 中国软科学，2016（4）：1-12.

［5］吕薇. 新时代中国创新驱动发展战略论纲［J］. 改革，2018（2）：20-30.

［6］张然. 创新驱动与中国产业转型升级战略探析［J］. 改革与战略，2016，32（11）：55-58.

［7］洪银兴. 产业结构转型升级的方向和动力［J］. 求是学刊，2014，41（1）：57-62+173.

［8］［美］约瑟夫·阿洛伊斯·熊彼特. 经济发展理论：对利润、资本、信贷、利息和经济周期的探究［M］. 叶华，译. 北京：九州出版社，2006.

［9］Solo C S. Innovation in the Capitalist Process：A Critique of the Schumpeterian Theory［J］. The Quarterly Journal of Economics，1951，65（3）：417-428.

［10］傅家骥. 技术创新学［M］. 北京：清华大学出版社，1998.

［11］Utterback J M. Innovation in Industry and the Diffusion of Technology［J］. Science，1974，183（4125）：620-626.

［12］［英］弗里曼. 工业创新经济学［M］. 北京：北京大学出版社，2004.

［13］ Mansfield, et al. Imitation Costs and Patents. An Empirical Study ［J］. The Economic Journal, 1981, 91 (364)：907－918.

［14］ Mueser R. Identifying Technical Innovations ［J］. IEEE Transactions on Engineering Management, 1985, 32 (4)：158－176.

［15］ Tushman M L, Anderson P. Technological Discontinuities and Organizational Environments ［J］. Administrative Science Quarterly, 1986, 31 (3)：439－465.

［16］ Osborne S. Voluntary Organisations and Innovation in Public Services ［M］. New York：Routledge, 1998.

［17］ Walker R M, Jeanes E, Rowlands R. Measuring Innovation：Applying the Literature － Based Innovation Output Indicator to Public Services ［J］. Public Administration, 2002, 80 (1)：201－214.

［18］ Kimberly J R, Evanisko M J. Organizational Innovation：The Influence of Individual, Organizational, and Contextual Factors on Hospital Adoption of Technological and Administrative Innovations ［J］. The Academy of Management Journal, 1981, 24 (4)：689－713.

［19］ Rogers E M, et al. Diffusion of Innovation ［M］. New York：Routledge, 1995.

［20］ Kline S, Rosenberg N. An Overview of Innovation ［M］//The Positive Sun Strategy, Harnessing Technology for Economic Growth. Washington, D. C：National Academy Press, 1986.

［21］ Aiken M, Hage J. The Organic Organization and Innovation ［J］. Sociology, 1971, 5 (1)：63－82.

［22］ Hage J, Dewar R. Elite Values Versus Organizational Structure in Predicting Innovation ［J］. Administrative Science Quarterly, 1973, 18 (3)：279－290.

［23］ Anderson N, King N. Managing Innovation in Organisations ［J］. Leadership and Organization Development Journal, 1991, 12 (4)：17－21.

［24］ Hosking D M, Anderson N. Organizational Change and Innovation：Psychological Perspectives and Practices in Europe ［M］. New York：Routledge, 1992.

［25］ 江洪. 自主创新与我国产业结构的优化升级 ［D］. 武汉：华中科技大

学，2008.

[26] 陶长琪，齐亚伟．信息产业成长促进区域产业结构升级的作用机制 [M]．北京：经济管理出版社，2014.

[27] Enos J L. Invention and Innovation in the Petroleum Refining Industry [J]. NBER Chapters，1962，27（8）：299-322.

[28] 柳卸林．技术创新经济学 [M]．北京：中国经济出版社，1993.

[29] 杨冬梅，赵黎明，陈柳钦．基于产业集群的区域创新体系构建 [J]．科学学与科学技术管理，2005（10）：79-83.

[30] 黄寰．论自主创新与区域产业结构优化升级 [D]．成都：四川大学，2006.

[31] 李平，刘志勇．发展中国家技术创新的特点及其对策 [J]．南开经济研究，2001（6）：45-48.

[32] 薛求知，林哲．美欧、日韩公司技术创新机制比较 [J]．研究与发展管理，2001（3）：58-63.

[33] 陈劲．从技术引进到自主创新的学习模式 [J]．科研管理，1994（2）：31-34.

[34] 杨德林，陈春宝．模仿创新自主创新与高技术企业成长 [J]．中国软科学，1997（8）：107-112.

[35] 杜谦，杨起全．关于当前我国科技发展主要矛盾的思考 [J]．中国科技论坛，2001（2）：22-26.

[36] 余江，方新．影响产业技术跨越的价值链状态分析 [J]．科学学研究，2002（5）：497-499.

[37] 柳卸林，胡志坚．中国区域创新能力的分布与成因 [J]．科学学研究，2002（5）：550-556.

[38] 宇剑，桂蒲，胡洋．国力论 [M]．济南：山东人民出版社，1999.

[39] 游光荣，狄承锋．我国地区科技竞争力研究 [J]．中国软科学，2000（1）：66-70.

[40] 江小涓．产业结构优化升级：新阶段和新任务 [J]．财贸经济，2005（4）：3-9+71-96.

[41] 辜胜阻，刘传江．技术创新与产业结构高度化 [J]．武汉大学学报

（哲学社会科学版），1998（6）：46-51.

［42］Wolfe R A. Organizational Innovation：Review，Critique and Suggested Research Directions［J］. Journal of Management Studies，1994，31（3）：405-431.

［43］［美］迈克尔·波特. 国家竞争优势［M］. 李明轩，邱如美，译. 北京：华夏出版社，2002.

［44］洪银兴. 关于创新驱动和创新型经济的几个重要概念［J］. 群众，2011（8）：31-33.

［45］洪银兴. 关于创新驱动和协同创新的若干重要概念［J］. 经济理论与经济管理，2013（5）：5-12.

［46］王海兵，杨蕙馨. 创新驱动与现代产业发展体系——基于我国省际面板数据的实证分析［J］. 经济学（季刊），2016，15（4）：1351-1386.

［47］王海燕，郑秀梅. 创新驱动发展的理论基础、内涵与评价［J］. 中国软科学，2017（1）：41-49.

［48］Grilliches Z. Patent Statistics as Economic Indicators：A Survey［J］. Journal of Economic Literature，1990，28（4）：1661-1607.

［49］Acs Z J，Anselin L，Varga A. Patents and Innovation Counts as Measures of Regional Production of New Knowledge［J］. Research Policy，2002，31（7）：1069-1085.

［50］Bettencourt L M A，Lobo J，Strumsky D. Invention in the City：Increasing Returns to Patenting as a Scaling Function of Metropolitan Size［J］. Research Policy，2007，36（1）：107-120.

［51］温军，冯根福. 异质机构、企业性质与自主创新［J］. 经济研究，2012，47（3）：53-64.

［52］［印］纳维·拉德友，［印］贾德普·普拉胡，［印］西蒙·阿胡亚. 朴素式创新：节俭、灵活与突破式创新［M］. 陈劲，译. 北京：清华大学出版社，2015.

［53］贺京同，李峰. 影响自主创新的因素——基于 BACE 方法对中国省际数据的分析［J］. 南开经济研究，2007（3）：68-79.

［54］古利平，张宗益，康继军. 专利与 R&D 资源：中国创新的投入产出分析［J］. 管理工程学报，2006（1）：147-151.

［55］李习保．中国区域创新能力变迁的实证分析：基于创新系统的观点［J］．管理世界，2007（12）：18-30+171.

［56］洪银兴．产学研协同创新的经济学分析［J］．经济科学，2014（1）：56-64.

［57］盛伟忠，陈劲．制造业中小企业创新能力测度指标研究［J］．管理工程学报，2015，29（4）：49-55.

［58］Pellegrino G，Piva M，Vivarelli M．Young Firms and Innovation：A Microeconometric Analysis［J］．Structural Change and Economic Dynamics，2012，23（4）：329-340.

［59］朱有为，徐康宁．中国高技术产业研发效率的实证研究［J］．中国工业经济，2006（11）：38-45.

［60］［瑞士］乔治·豪尔，［瑞士］马克斯·冯·泽德维茨．从中国制造到中国创造：中国如何成为全球创新者［M］．许佳，译．北京：中信出版社，2017.

［61］Haner U E．Innovation Quality — A Conceptual Framework［J］．International Journal of Production Economics，2002，80（1）：31-37.

［62］张古鹏，陈向东，杜华东．中国区域创新质量不平等研究［J］．科学学研究，2011，29（11）：1709-1719.

［63］马永红，张景明，王展昭．我国高技术产业创新质量空间差异性分析［J］．经济问题探索，2014（9）：89-95.

［64］杨公朴，夏大慰，龚仰军．产业经济学教程［M］．上海：上海财经大学出版社，1998.

［65］［美］H·钱纳里，等．工业化和经济增长的比较研究［M］．吴奇，等译．上海：上海三联书店，1989.

［66］陈明森．自主成长与外向推动：产业结构演进模式比较［J］．东南学术，2003（3）：51-66.

［67］Syrquin M，Chenery H．Three Decades of Industrialization［J］．The World Bank Economic Review，1989，3（2）：145-181.

［68］Hirschman A O．Strategy of Economic Development［M］．New Haven：Yale University Press，1958.

［69］刘志彪．产业升级的发展效应及其动因分析［J］．南京师大学报（社会科学版），2000（3）：3-10.

［70］张培刚，张建华．发展经济学［M］．北京：北京大学出版社，2009.

［71］黄群慧．"新常态"、工业化后期与工业增长新动力［J］．中国工业经济，2014（10）：5-19.

［72］安礼伟，张二震．对外开放与产业结构转型升级：昆山的经验与启示［J］．财贸经济，2010（9）：70-74+138.

［73］［美］罗斯托．经济成长的阶段［M］．北京：商务印书馆，1962.

［74］何维达，等．WTO与中国产业升级［M］．北京：中国审计出版社，2000.

［75］李悦，李平．产业经济学［M］．北京：中国人民大学出版社，1998.

［76］陈仲常，简钟丹．中国宏观经济波动中的结构变迁特征［J］．探索，2005（4）：89-93.

［77］王聪．丝绸之路经济带核心区产业转型与合作：新结构经济学的视角［J］．人文杂志，2015（3）：35-42.

［78］周林，杨云龙，刘伟．用产业政策推进发展与改革——关于设计现阶段我国产业政策的研究报告［J］．经济研究，1987（3）：16-24.

［79］Peneder M. Industrial Structure and Aggregate Growth［J］. Structural Change and Economic Dynamics，2003，14（4）：427-448.

［80］姜泽华，白艳．产业结构升级的内涵与影响因素分析［J］．当代经济研究，2006（10）：53-56.

［81］周昌林，魏建良．流动人口对城市产业结构升级影响的实证研究 以宁波市为例［J］．社会，2007（4）：94-106+207.

［82］干春晖，郑若谷，余典范．中国产业结构变迁对经济增长和波动的影响［J］．经济研究，2011，46（5）：4-16+31.

［83］杨坚．山东海洋产业转型升级研究［D］．兰州：兰州大学，2013.

［84］张培刚，张建华，罗勇，李博．新型工业化道路的工业结构优化升级研究［J］．华中科技大学学报（社会科学版），2007（2）：82-88.

［85］李月．有效经济增长的理论研究［D］．天津：南开大学，2009.

［86］Arrow K J. The Economic Implications of Learning by Doing［J］. The

Review of Economic Studies，1962，29（3）：155-173.

［87］Romer P M. Endogenous Technological Change［J］. Journal of Political Economy，1990，89（5）：71-102.

［88］Grossman G M，Helpman E. Quality Ladders and Product Cycles［J］. The Quarterly Journal of Economics，1991，106（2）：557-586.

［89］Lucas R. On the Mechanics of Economic Development［J］. Journal of Monetary Economics，1988，22（1）：3-42.

［90］［美］萨尔瓦多. 国际经济学：第10版［M］. 杨冰，等译. 北京：清华大学出版社，2011.

［91］张鸿，文娟. 国际贸易——原理、制度、案例［M］. 上海：上海交通大学出版社，2006.

［92］Stephen R. Dynamic Comparative Advantage and the Welfare Effects of Trade［J］. Oxford Economic Papers，1999，51（1）：15-39.

［93］Mundell R A. International Trade and Factor Mobility［J］. The American Economic Review，1957，47（3）：321-335.

［94］Balassa B. A'Stages Approach'to Comparative Advantage［R］. Staff Working Paper，No. 256，1977.

［95］Yang X K，Borland J. A Microeconomic Mechanism for Economic Growth［J］. Journal of Political Economy，1991，99（3）：460-482.

［96］喆儒. 国家贸易理论与政策［M］. 北京：人民邮电出版社，2011.

［97］［古希腊］色诺芬. 经济论 雅典的收入［M］. 张伯健，陆大年，译. 北京：商务印书馆，1961.

［98］［德］马克思，［德］恩格斯. 马克思恩格斯全集（第23卷）［M］. 中共中央编译局，译. 北京：人民出版社，1972.

［99］Babbage C. The Economy of Machinery and Manufactures［M］//Campbell-Kelly M. The Works of Charles Babbage. London：William Pickering，1832.

［100］［德］卡尔·马克思. 资本论：第一卷［M］. 北京：人民出版社，1975.

［101］［德］卡尔·马克思. 资本论：第一卷［M］. 北京：人民出版社，2004.

［102］［英］阿弗里德·马歇尔. 经济学原理［M］. 廉运杰，译. 北京：华夏出版社，2004.

［103］阿林·杨格. 报酬递增与经济进步［J］. 经济社会体制比较，1996（2）：52–57.

［104］［澳］杨小凯，黄有光. 专业化与经济组织：一种新兴古典微观经济学框架［M］. 张玉纲，译. 北京：经济科学出版社，2000.

［105］Becker G S，Murphy K M. The Division of Labor，Coordination Costs，and Knowledge［J］. The Quarterly Journal of Economics，1992，107（4）：1137–1160.

［106］［英］威廉·配第. 政治算术［M］. 陈冬野，译. 北京：商务印书馆，2014.

［107］［法］弗朗索瓦·魁奈. 魁奈《经济表》及著作选［M］. 晏智杰，译. 北京：华夏出版社，2006.

［108］Kaname A K. A Historical Pattern of Economic Growth in Developing Countries［J］. The Developing Economics，1962，1（s1）：3–25.

［109］Clark C. The Conditions of Economic Progress［M］. London：Macmillan and Co，Ltd，1940.

［110］［美］西蒙·库兹涅茨. 国民收入及其构成［M］.［出版地、出版社不祥］，1941.

［111］［美］W. 里昂惕夫. 美国经济结构1919–1929［M］.［出版地、出版社不祥］，1941.

［112］［美］W. 里昂惕夫. 美国经济结构研究：投入产出分析中理论和经验的探索［M］.［出版地、出版社不祥］，1953.

［113］［美］W. 里昂惕夫. 投入产出经济学［M］.［出版地、出版社不祥］，1966.

［114］Lewis W Arthur. Economic Development with Unlimited Supplies of Labour［J］. The Manchester School，1954，22（2）：139–191.

［115］［美］艾伯特·赫希曼. 经济发展战略［M］. 曹征海，潘照东，译. 北京：经济科学出版社，1991.

［116］W. W. 罗斯托. 经济成长的阶段：非共产党宣言［M］. 北京：商务

印书馆，1985.

[117]［美］霍利斯·钱纳里，谢尔曼·鲁滨逊，等. 工业化和经济增长的比较研究［M］. 吴奇，译. 上海：三联书店，2015.

[118] 费景汉，拉尼斯. 劳动过剩经济之发展（中文版）［M］. 台北：台湾银行经济研究室编印，1967.

[119] 霍夫曼. 工业化阶段和类型［M］. 曼彻斯特：曼彻斯特大学出版社，1958.

[120]［德］乌伟·坎特纳，［意］弗朗哥·马雷尔巴，创新、产业动态与结构变迁［M］. 肖兴志，郭晓丹，郑明，李晓颖等译. 北京：经济科学出版社，2013.

[121] Hagedoorn J, Link A N, Vonortas Nicholas S. Research Partnerships ［J］. Research Policy, 2000, 29（4）：567–586.

[122]［美］维贾伊·马哈贾，［美］罗伯特·A. 彼得森. 创新扩散模型［M］. 陈伟，译. 上海：格致出版社，上海人民出版社，2016.

[123]［美］罗杰斯. 创新的扩散［M］. 唐兴通，郑常青，张延臣，译. 北京：电子工业出版社，2016.

[124] Schumpeter J A. The Theory of Economic Development ［M］. Cambridge：Harvard University Press, 1934.

[125] Pietrovelli C, Rabellotti R. Upgrading in Clusters and Value Chains in Latin America：The Role of Policies ［M］. Washington, P. C. ：Inter – American Development Bank Publications, 2004.

[126] Kaplinsky R, Morris M. A Handbook for Value Chain Research ［R］. International Development Research Centre, 2012.

[127] Kevin Z Z. Innovation, Imitation, and New Product Performance：The Case of China ［J］. Industrial Marketing Management, 2006, 35（3）：394–402.

[128] Altenburg T, Schmitz H, Andreas S. Breakthrough? China's and India's Transition from Production to Innovation ［J］. World Development, 2008, 36（2）：325–344.

[129] Quatraro F. Innovation, Structural Change and Productivity Growth：Evidence from Italian Regions, 1980–2003 ［J］. Cambridge Journal of Economics,

2009, 33 (5): 1001-1022.

[130] Maurer B. R&D, Innovation and Industrial Structure [M]. Heidelberg: Physica-Verlag, 1996.

[131] Caiani A. Innovation Dynamics and Industry Structure Under Different Technological Spaces [J]. Italian Economic Journal, 2017, 3 (3): 307-341.

[132] Bloch H. Innovation and the Evolution of Industry Structure [J]. International Journal of the Economics of Business, 2018, 25 (1): 73-83.

[133] Utterback J M, Abemathy W J. A Dynamic Model of Process and Product Innovation [J]. Omega: The International Journal of Management Science, 1975, 3 (6): 639-656.

[134] Nelson R R, Winter S G. The Schumpeterian Tradeoff Revisited [J]. The American Economic Review, 1982, 72 (1): 114-132.

[135] Reinganum J F. Innovation and Industry Evolution [J]. The Quarterly Journal of Economics, 1985, 100 (1): 81-99.

[136] Jeon J, Hong S, Yang T, et al. How Technological Innovation Affects the Structure of An Industry: Entrepreneurship Evolution in the Biotechnology and Pharmaceutical Industry since 1980 [J]. Technology Analysis and Strategic Management, 2016, 28 (6): 733-754.

[137] Ngai L R, Pissarides C A. Structural Change in a Multisector Model of Growth [J]. The American Economic Review, 2007, 97 (1): 429-443.

[138] Chandler A D. The Growth of the Transnational Industrial Firm in the United States and the United Kingdom: A Comparative Analysis [J]. The Economic History Review, 1980, 33 (3): 396-410.

[139] Święcki T. Determinants of Structural Change [J]. Review of Economic Dynamics, 2017 (24): 95-131.

[140] Rostow W W. The Great Population Spike and After: Reflections on the 21st Century [M]. New York: Oxford University Press, 1998.

[141] Metcalf C J. Persistence of Technological Leadership: Emerging Technologies and Incremental Innovation [J]. The Journal of Industrial Economics, 2011, 59, (2): 199-224.

［142］Kazuyuki M，Xiao Y. China's Innovation System Reform and Growing Industry and Science Linkages ［J］. Research Policy，2007，36（8）：1251-1260.

［143］Lahorgue M A，Cunha N D. Introduction of Innovations in the Industrial Structure of a Developing Region：The Case of the Porto Alegre Technopole 'HomeBrokers' Project ［J］. International Journal of Technology Management and Sustainable Development，2004，2（3）：191-204.

［144］Restuccia D，Rogerson R. Policy Distortions and Aggregate Productivity with Heterogeneous Establishments ［J］. Review of Economic Dynamics，2008，11（4）：707-720.

［145］Karnøe P. Technological Innovation and Industrial Organization in the Danish Wind Industry ［J］. Entrepreneurship and Regional Development，1990，2（2）：105-124.

［146］Hopenhayn H A. Firms，Misallocation，and Aggregate Productivity：A Review ［J］. Social Science Electronic Publishing，2014，6（1）：735-770.

［147］陶长琪，周璇. 要素集聚下技术创新与产业结构优化升级的非线性和溢出效应研究 ［J］. 当代财经，2016（1）：83-94.

［148］茶洪旺. 中国经济的转型、创新与发展研究 ［M］. 北京：人民出版社，2018.

［149］茶宏旺. 发展中国家技术创新机制问题的探讨 ［J］. 世界经济，1990（6）：29-33.

［150］金碚. 中国工业的技术创新 ［J］. 中国工业经济，2004（5）：5-14.

［151］唐清泉，李海威. 我国产业结构转型升级的内在机制研究——基于广东 R&D 投入与产业结构的实证分析 ［J］. 中山大学学报（社会科学版），2011，51（5）：191-199.

［152］黄林秀，欧阳琳. 经济增长过程中的产业结构变迁——美国经验与中国借鉴 ［J］. 经济地理，2015，35（3）：23-27.

［153］王桂月，徐瑶玉，王圆圆，李新运. 我国科技创新对产业转型升级的影响分析 ［J］. 华东经济管理，2016，30（3）：83-90.

［154］周忠民. 湖南省科技创新对产业转型升级的影响 ［J］. 经济地理，2016，36（5）：115-120.

［155］徐银良，王慧艳．中国省域科技创新驱动产业升级绩效评价研究 ［J］．宏观经济研究，2018（8）：101-114+158.

［156］周阳敏，王前前．国家自创区政策效应、产业结构合理化与高级化实 证研究 ［J］．中国科技论坛，2020（12）：41-53.

［157］江三良，纪苗．技术创新影响产业结构的空间传导路径分析 ［J］．科 技管理研究，2019，39（13）：15-23.

［158］李翔，白洋，邓峰．基于两阶段的区域创新与产业结构优化研究 ［J］．科技管理研究，2018，38（1）：103-111.

［159］甘星，刘成昆．区域金融发展、技术创新与产业结构优化——基于深 圳市2001—2016年数据的实证研究 ［J］．宏观经济研究，2018（11）：128-138.

［160］龚轶，王铮，顾高翔．技术创新与产业结构优化——一个基于自主 体的模拟 ［J］．科研管理，2015，36（8）：44-51.

［161］林春艳，孔凡超．中国产业结构高度化的空间关联效应分析——基于 社会网络分析方法 ［J］．经济学家，2016（11）：45-53.

［162］林春艳，孔凡超．技术创新、模仿创新及技术引进与产业结构转型升 级——基于动态空间 Durbin 模型的研究 ［J］．宏观经济研究，2016（5）：106- 118.

［163］吴翔天．产业价值链本土创新与产业升级研究——基于长江经济带工 业面板数据的空间计量模型 ［D］．蚌埠：安徽财经大学，2015.

［164］薛继亮．技术选择与产业结构转型升级 ［J］．产业经济研究，2013 （6）：29-37.

［165］屠年松，李彦．创新驱动产业转型升级研究——基于2002-2013年省 际面板数据 ［J］．科技进步与对策，2015，35（24）：50-55.

［166］陶长琪，彭永樟．经济集聚下技术创新强度对产业结构升级的空间效 应分析 ［J］．产业经济研究，2017（3）：91-103.

［167］张可，徐朝晖．产业集聚与区域创新的交互影响——基于高技术产业 的实证 ［J］．财经科学，2019（1）：75-86.

［168］钟章奇，王铮．创新扩散与全球产业结构优化——基于 Agent 模拟的 研究 ［J］．科学学研究，2017，35（4）：611-624.

［169］赵玉林，谷军健．技术与制度协同创新机制及对产业升级的协同效应

［J］. 中国科技论坛，2018（3）：1-9.

［170］袁航，茶洪旺，郑婷婷. 创新数量、创新质量与中国产业结构转型互动关系研究——基于 PVAR 模型的实证分析［J］. 经济与管理，2019，33（2）：78-85.

［171］张银银，邓玲. 创新驱动传统产业向战略性新兴产业转型升级：机理与路径［J］. 经济体制改革，2013（5）97-101.

［172］王娟. 创新驱动传统产业转型升级路径研究［J］. 技术经济与管理研究，2016（4）：115-118.

［173］周叔莲，王伟光. 依靠科技创新和体制创新推动产业结构优化升级［J］. 社会科学辑刊，2002（4）：70-73.

［174］温铁军，谢欣，高俊，董筱丹. 地方政府制度创新与产业转型升级——苏州工业园区结构升级案例研究［J］. 学术研究，2016（2）：82-89+177-178.

［175］李强. 地方创新政策与产业结构调整——基于地方政府相关创新政策的实证分析［J］. 现代经济探讨，2017（8）：71-78.

［176］袁航，朱承亮. 创新属性、制度质量与中国产业结构转型升级［J］. 科学学研究，2019，37（10）：1881-1891+1901.

［177］周璇，陶长琪. 创新要素集聚、制度质量与产业结构高端化［J］. 数量经济研究，2021，12（4）：127-151.

［178］丁一兵，傅缨捷，曹野. 融资约束、技术创新与跨越"中等收入陷阱"——基于产业结构升级视角的分析［J］. 产业经济研究，2014（3）：101-110.

［179］Cai L，Liu Q，Zhu X M，Deng S L. Market Orrientation and Technological Innovation：The Moderating Role of Entrepreneurial Support Policies［J］. International Entrepreneurship and Management Journal，2015，11（3）：645-671.

［180］潘宏亮. 创新驱动引领产业转型升级的路径与对策［J］. 经济纵横，2015（7）：40-43.

［181］江小涓. 理解科技全球化——资源重组、优势集成和自主创新能力的提升［J］. 管理世界，2004（6）：4-13+155.

［182］林中萍. 跨国公司对我国自主创新能力的影响［J］. 中国科技投资，

2006（5）：40-43.

［183］张卫华，江源，原磊，于建勋．中国工业经济增长动力机制转变及转型升级研究［J］．调研世界，2015（6）：3-10.

［184］刘伟江，孙聪，赵敏慧．科技政策与区域生产率增长——创业与创新的链式中介作用［J］．经济管理，2019，41（4）：40-56.

［185］梁正，李代天．中国科技政策与产业协同演化40年［J］．科学学研究，2018，36（12）：2129-2131+2140.

［186］袁航，朱承亮．政府研发补贴对中国产业结构转型升级的影响：推手还是拖累？［J］．财经研究，2020，46（9）：63-77.

［187］郭然，原毅军．环境规制、研发补贴与产业结构升级［J］．科学学研究，2020，38（12）：2140-2149.

［188］宋凌云，王贤彬．政府补贴与产业结构变动［J］．中国工业经济，2013（4）：94-106.

［189］姜宁，黄万．政府补贴对企业R&D投入的影响——基于我国高技术产业的实证研究［J］．科学学与科学技术管理，2010（7）：28-33.

［190］孙海波，林秀梅，焦翠红．政府税收、研发补贴与产业结构变迁［J］．经济评论，2016（6）：23-37.

［191］吴静，张冬平．国家科技政策对农业创新型企业发展影响的实证分析［J］．技术经济与管理研究，2018（6）：104-111.

［192］胡欢欢，刘传明．科技金融政策能否促进产业结构转型升级？［J］．国际金融研究，2021（5）：24-33.

［193］冯永琦，邱晶晶．科技金融政策的产业结构升级效果及异质性分析——基于"科技和金融结合试点"的准自然实验［J］．产业经济研究，2021（2）：128-142.

［194］周茂，陆毅，杜艳，姚星．开发区设立与地区制造业升级［J］．中国工业经济，2018（3）：62-79.

［195］王鹏，吴思霖，李彦．国家高新区的设立能否推动城市产业结构优化升级？——基于PSM-DID方法的实证分析［J］．经济社会体制比较，2019（4）：17-29.

［196］霍春辉，田伟健，张银丹．创新型城市建设能否促进产业结构升

级——基于双重差分模型的实证分析［J］. 中国科技论坛，2020（9）：72-83.

［197］胡兆廉，石大千，司增绰. 创新型城市能否成为产业结构转型的"点睛之笔"——来自国家创新型城市试点建设的证据［J］. 山西财经大学学报，2020，42（11）：70-84.

［198］郭旭红，武力. 新中国产业结构演变述论（1949—2016）［J］. 中国经济史研究，2018（1）：133-142.

［199］茶洪旺. 区域经济发展的第三种理论：非均衡协调发展［J］. 学术月刊，2008，40（10）：71-77.

［200］茶洪旺. 区域经济理论新探与中国西部大开发［M］. 北京：经济科学出版社，2008.

［201］钱颖一，等. 创新驱动中国［M］. 北京：中国文史出版社，2016.

［202］吴延兵. 自主研发、技术引进与生产率——基于中国地区工业的实证研究［J］. 经济研究，2008（8）：51-64.

［203］姜彩楼，徐康宁. 区位条件、中央政策与高新区绩效的经验研究［J］. 世界经济，2009（5）：56-64.

［204］程郁，陈雪. 创新驱动的经济增长——高新区全要素生产率增长的分解［J］. 中国软科学，2013（11）：26-39.

［205］Qin S J. High-Tech Industrialization in China：An Analysis of the Current Status［J］. Asian Survey，1992，32（12）：1124-1136.

［206］吕政，张克俊. 国家高新区阶段转换的界面障碍及破解思路［J］. 中国工业经济，2006（2）：5-12.

［207］魏守华，吴贵生，吕新雷. 区域创新能力的影响因素——兼评我国创新能力的地区差距［J］. 中国软科学，2010（9）：76-85.

［208］孙军，高彦彦. 产业结构演变的逻辑及其比较优势——基于传统产业升级与战略性新兴产业互动的视角［J］. 经济学动态，2012（7）：70-76.

［209］王玉民，刘海波，靳宗振，梁立赫. 创新驱动发展战略的实施策略研究［J］. 中国软科学，2016（4）：1-12.

［210］Tse E. Grabber-Holder Dynamics and Network Effects in Technology Innovation［J］. Journal of Economic Dynamics and Control，2002，26（9）：1721-1738.

［211］ Gereffi G. International Trade and Industrial Upgrading in the Apparel Commodity Chain ［J］. Journal of International Economics，1999，48（1）：37-70.

［212］ Schnaars S，Thomas G，Irmak C. Predicting the Emergence of Innovations from Technological Convergence：Lessons from the Twentieth Century ［J］. Journal of Macromarketing，2008，28（2）：157-168.

［213］ Humphrey J，Schmitz H. How Does Insertion in Global Value Chains Affect Upgrading in Industrial Clusters? ［J］. Regional Studies，2002，36（9）：1017-1027.

［214］［美］约瑟夫·熊彼特. 资本主义、社会主义与民主 ［M］. 北京：商务印书馆，1979.

［215］ 常晓鸣. 生产绩效、技术创新与我国工业的产业升级 ［D］. 成都：西南财经大学，2010.

［216］ 潘宇瑶. 自主创新对产业结构高级化的驱动作用研究 ［D］. 长春：吉林大学，2016.

［217］ 张俊，钟春平. 偏向型技术进步理论：研究进展及争议 ［J］. 经济评论，2014（5）：148-160.

［218］ Acemoglu D. Directed Technical Change ［J］. Review of Economic Studies，2002，69（4）：781-809.

［219］ 韩永辉，黄亮雄，王贤彬. 产业政策推动地方产业结构升级了吗? ——基于发展型地方政府的理论解释与实证检验 ［J］. 经济研究，2017，52（8）：33-48.

［220］ 刘伟，张辉，黄泽华. 中国产业结构高度与工业化进程和地区差异的考察 ［J］. 经济学动态，2008（11）：4-8.

［221］ 李文秀，夏杰长. 自主创新推动服务业成长：机制、效应与实现路径 ［J］. 财贸经济，2010（12）：120-126+145.

［222］ Dietzenbacher E，Linden J A V D. The Determinants of Structural Change in the European Union：A New Application of RAS ［J］. Environment and Planning A，1995，32（12）：2205-2229.

［223］ Soo K T. From Licence Raj to Market Forces：The Determinants of Industrial Structure in India after Reform ［J］. Economica，2008，75（298）：222-

243.

［224］刘诗白．现代财富论［M］．上海：生活·读书·新知三联书店，2005.

［225］刘伟．中国技术创新的作用及其影响因素研究［M］．大连：东北财经大学出版社，2011.

［226］顾新一．技术创新与劳动生产率［J］．科学学研究，1997（4）：40-43.

［227］张银银，邓玲．创新的产业差异与产业结构升级研究［J］．经济问题探索，2013（6）：142-148.

［228］李文秀，夏杰长．基于自主创新的制造业与服务业融合：机理与路径［J］．南京大学学报（哲学·人文科学·社会科学版），2012，49（2）：60-67+159.

［229］李悦，孔令丞．我国产业结构升级方向研究——正确处理高级化和协调化的关系［J］．当代财经，2002（1）：46-51.

［230］王敏，辜胜阻．国外关于技术创新溢出的学术探究［J］．国外社会科学，2014（6）：27-37.

［231］Joseph A Schumpeter, Bussiness Cycle［M］. New York：McGraw-Hill, 1939.

［232］Peters M, Schneider M, Griesshaber T, et al. The Impact of Technology-Push and Demand-Pull Policies on Technical Change-Does the Locus of Policies Matter?［J］. Research Policy, 2012, 41（8）：1296-1308.

［233］Baumol W J. Macroeconomics of Unbalanced Growth：The Anatomy of Urban Crisis［J］. The American Economic Review, 1967, 57（3）：415-426.

［234］彭德芬．中西部地区利用外资与产业结构的重新选择［J］．数量经济技术经济研究，2000（7）：6-8.

［235］Krüger J J. Productivity and Structural Change：A Review of the Literature［J］. Journal of Economic Surveys, 2008, 22（2）：330-363.

［236］王树海，闫耀民．国家高新区未来发展的对策研究［J］．中国软科学，2009（3）：84-88.

［237］朱斌，王渝．我国高新区产业集群持续创新能力研究［J］．科学学研

究，2004（5）：529–537.

［238］闫国庆，孙琪，陈超，仲鸿生，任建雄．国家高新技术产业开发区创新水平测度指标体系研究［J］．中国软科学，2008（4）：141–148.

［239］龙海波．国家高新区发展转型中面临的问题与挑战［J］．中国高新区，2015（3）：44–46.

［240］Wang M Y，Meng X. Building Nests to Attract Birds：China's Hi-tech Zones and Their Impacts on Transition from Low-skill to High-value Added Process［C］．Proceeding of the 15th Annual Conference of the Association for Chinese Economics Studies Australia，2003.

［241］王清．国家高新区提升全球影响力的思路与路径研究［J］．中国高新区，2017（21）：3.

［242］李凯，任晓艳，向涛．产业集群效应对技术创新能力的贡献——基于国家高新区的实证研究［J］．科学学研究，2007（3）：448–452.

［243］冯诗媛，杨守云．国家高新区转型升级的思考及对策［J］．中国高新区，2017（8）：49.

［244］刘友金，黄鲁成．产业群集的区域创新优势与我国高新区的发展［J］．中国工业经济，2001（2）：33–37.

［245］李金生，李晏墅，周燕．基于技术创新演进的高技术企业内生文化模型研究［J］．中国工业经济，2009（5）：108–118.

［246］国家统计局社科文司"中国创新指数（CII）研究"课题组，贾楠，李胤．中国创新指数研究［J］．统计研究，2014，31（11）：24–28.

［247］罗丹．创新驱动与长江经济带产业结构升级研究［D］．合肥：安徽大学，2016.

［248］Hansen M T，Birkinshaw J. The Innovation Value Chain.［J］．Harvard Business Review，2007，85（6）：121–142.

［249］吴易风．当代西方经济学流派与思潮［M］．北京：首都经济贸易大学出版社，2005.

［250］郭国峰，温军伟，孙保营．技术创新能力的影响因素分析——基于中部六省面板数据的实证研究［J］．数量经济技术经济研究，2007（9）：134–143.

［251］刘诗白．推进我国科技进步体制和机制创新［J］．经济学家，2006

（1）：5-11.

［252］约瑟夫·熊彼特．经济发展理论：对于利润、资本、信贷、利息和经济周期的考察［M］．北京：商务印书馆，2009.

［253］余冬筠，金祥荣．创新主体的创新效率区域比较研究［J］．科研管理，2014，35（3）：51-57.

［254］李柏洲，周森．科研院所创新行为与区域创新绩效间关系研究［J］．科学学与科学技术管理，2015，36（1）：75-87.

［255］Rosenberg N，Nelson R R．American Universities and Technical Advance in Industry［J］．Research Policy，1994，23（3）：323-348.

［256］Mansfield E．Academic Research Underlying Industrial Innovations：Sources，Characteristics，and Financing［J］．Review of Economics and Statistics，1995，77（1）：55-65.

［257］Jaffe A B．Real Effects of Academic Research［J］．The American Economic Review，1989，79（5）：957-970.

［258］Berman E M．The Economic Impact of Industry-Funded University R&D［J］．Research Policy，1990，19（4）：349-355.

［259］［美］彼得·德鲁克．创新与企业家精神［M］．北京：机械工业出版社，2009.

［260］黄泰岩．中国经济的第三次动力转型［J］．经济学动态，2014（2）：4-14.

［261］［德］马克思，［德］恩格斯．马克思恩格斯选集（第1卷）［M］．中共中央翻译局，译．北京：人民出版社，1995.

［262］宋光茂．我国企业创新的失业陷阱与创新战略选择［J］．经济学家，1992（5）：46-54+127.

［263］谭富．技术创新对中国就业影响的实证研究［D］．湘潭：湘潭大学，2010.

［264］李广培．技术创新社会成本测算指标体系初探［J］．技术经济，2012，31（10）：13-18+51.

［265］王少平，欧阳志刚．中国城乡收入差距对实际经济增长的阈值效应［J］．中国社会科学，2008（2）：54-66+205.

［266］魏江，李拓宇，赵雨菡．创新驱动发展的总体格局、现实困境与政策走向［J］．中国软科学，2015（5）：21-30.

［267］王文，孙早．产业结构转型升级意味着去工业化吗［J］．经济学家，2017（3）：55-62.

［268］Koenker R，Bassett G．Regression Quantiles［J］．Econometrica，1978，46（1）：33-50.

［269］储德银，建克成．财政政策与产业结构调整——基于总量与结构效应双重视角的实证分析［J］．经济学家，2014（2）：80-91.

［270］茶洪旺，左鹏飞．信息化对中国产业结构升级影响分析——基于省级面板数据的空间计量研究［J］．经济评论，2017（1）：80-89.

［271］左鹏飞．信息化推动中国产业结构转型升级研究［D］．北京：北京邮电大学，2017.

［272］扶涛．人力资源开发与产业转型升级的交互影响机理与适配效应研究——基于中国2010-2015年数据［J］．湖北社会科学，2016（6）：62-70.

［273］靳卫东．人力资本与产业结构转化的动态匹配效应——就业、增长和收入分配问题的评述［J］．经济评论，2010（6）：137-142.

［274］代谦，别朝霞．人力资本、动态比较优势与发展中国家产业结构升级［J］．世界经济，2006（11）：70-84+96.

［275］林毅夫．新结构经济学：反思经济发展与政策的理论框架（增订版）［M］．北京：北京大学出版社，2014.

［276］干春晖，余典范．城市化与产业结构的战略性调整和升级［J］．上海财经大学学报，2003（4）：3-10.

［277］陈昌兵．城市化与投资率和消费率间的关系研究［J］．经济学动态，2010（9）：42-48.

［278］余华义．城市化、大城市化与中国地方政府规模的变动［J］．经济研究，2015，50（10）：104-118.

［279］Romer P M．Increasing Returns and Long-Run Growth［J］．Journal of Political Economy，1986，94（5）：1002-1037.

［280］汤碧．利用外资对我国自主创新的影响与对策［J］．宏观经济管理，2012（7）：67-68.

［281］裴长洪．吸收外商直接投资与产业结构优化升级——"十一五"时期利用外资政策目标的思考［J］．中国工业经济，2006（1）：33-39.

［282］赵庆．产业结构优化升级能否促进技术创新效率？［J］．科学学研究，2018，36（2）：239-248.

［283］李路路，朱斌，王煜．市场转型、劳动力市场分割与工作组织流动［J］．中国社会科学，2016（9）：126-145.

［284］韩晶，酒二科．以产业结构为中介的创新影响中国经济增长的机理［J］．经济理论与经济管理，2018（6）：51-63.

［285］Asheim B T, Gertler M S. The Geography of Innovation：Regional Innovation Systems ［M］//The Oxford Handbook of Innovation. New York：Oxford University Press，2006.

［286］Griliches Z. Issues in Assessing the Contribution of Research and Development to Productivity Growth ［J］. The Bell Journal of Economics，1979，10（1）：92-116.

［287］Jaffe A B. Technological Opportunity and Spillovers of R&D：Evidence from Firm's Patents，Profits and Market Value ［J］. The American Economic Review，1986，76（5）：984-1001.

［288］Romer P. New Goods，Old Theory，and the Welfare Costs of Trade Restrictions ［J］. Journal of Development Economics，1994，43（1）：5-38.

［289］Lesage J P, Fischer M M, Scherngell T. Knowledge Spillovers Across Europe：Evidence from a Poisson Spatial Interaction Model with Spatial Effects ［J］. Papers in Regional Science，2007，86（3）：393-421.

［290］Fischer M M, Scherngell T, Reismann M. Knowledge Spillovers and Total Factor Productivity：Evidence Using a Spatial Panel Data Model ［J］. Geographical Analysis，2009，41（2）：204-220.

［291］Griffith D A, Anselin L. Spatial Econometrics：Methods and Models ［J］. Economic Geography，1988，65（2）：160.

［292］白俊红，蒋伏心．协同创新、空间关联与区域创新绩效［J］．经济研究，2015，50（7）：174-187.

［293］赵增耀，章小波，沈能．区域协同创新效率的多维溢出效应［J］．中

国工业经济，2015（1）：32-44.

［294］Anselin L，Bera A K，Florax R，et al. Simple Diagnostic Tests for Spatial Dependence ［J］. Regional Science and Urban Economics，1996，26（1）：77-104.

［295］林光平，龙志和. 空间经济计量：理论与实证 ［M］. 北京：科学出版社，2014.

［296］Elhorst J P . Specification and Estimation of Spatial Panel Data Models ［J］. International Regional Science Review，2003，26（3）：244-268.

［297］James P LeSage，An Introduction to Spatial Econometrics ［J］. Revue D'économie Industrielle，2008，123（123）：19-44.

［298］王小鲁，樊纲，余静文. 中国分省份市场化指数报告（2016）［M］. 北京：社会科学文献出版社，2017.

［299］杨燕，高山行. 创新驱动、自主性与创新绩效的关系实证研究 ［J］. 科学学研究，2011，29（10）：1453+1568-1576.

［300］方玉梅. 国家高新区创新能力结构模式研究 ［M］. 北京：科学出版社，2016.

［301］Page S E. Path Dependence ［J］. Quarterly Journal of Political Science，2006，1（1）：87-115.

［302］Vergne J P，Durand R. The Missing Link Between the Theory and Empirics of Path Dependence：Conceptual Clarification，Testability Issue，and Methodological Implications ［J］. Journal of Management Studies，2010，47（4）：736-759.

［303］Cao C. Zhongguancun and China's High-Tech Parks in Transition："Growing Pains" or "Premature Senility"？［J］. Asian Survey，2004，44（5）：647-668.

［304］陈强. 高级计量经济学及 Stata 应用 ［M］. 北京：高等教育出版社，2014.

［305］刘瑞明，赵仁杰. 国家高新区推动了地区经济发展吗？——基于双重差分方法的验证 ［J］. 管理世界，2015（8）：30-38.

［306］Goetz S J，Rupasingha A. High-Tech Firm Clustering：Implications for

Rural Areas ［J］. American Journal of Agricultural Economics，2002，84（5）：1229-1236.

［307］李新春，宋宇，蒋年云. 高科技创业的地区差异［J］. 中国社会科学，2004（3）：17-30+205.

［308］Bruno A V，Tyebjee T T. The Environment for Entrepreneurship ［J］. Encyclopedia of Entrepreneurship C A，1982.

［309］Westhead P. Independent Technology – based Firms：The Perceived Benefits of a Science Park Location ［J］. Urban Studies，1998，35（12）：2197-2219.

［310］柳卸林，何郁冰，等. 从科技投入到产业创新［M］. 北京：科学出版社，2014.

［311］Jeong J. The Status of Venture Businesses and the Suggestions for Improvement of the Policies Issues ［M］//J Kim，The Role of Small Firms in the Shift Towards Innovation Driven Economy. Seoul：Korea Development Institute，2005.

［312］郁国民. 韩国基础研究的国家目标和政府对策 ［J］. 科学对社会的影响，1997（3）：56-62.

［313］［瑞典］C. 埃德奎斯特，L. 赫曼. 全球化、创新变迁与创新政策：以欧洲和亚洲10个国家（地区）为例［M］. 胡志坚，王海燕，等译. 北京：科学出版社，2012.

［314］柳卸林，何郁冰. 基础研究是中国产业核心技术创新的源泉 ［J］. 中国软科学，2011（4）：104-117.

［315］刘诗白. 以科技创新促转型稳增长 ［J］. 经济学家，2013（11）：5-13.

［316］郭克莎. 我国产业结构变动趋势及政策研究 ［J］. 管理世界，1999（5）：73-83.

后　记

　　本书是由我的博士论文修改而成，在修改、整理书稿的过程中，点滴往事一一浮现，不禁使人思绪万千，慨叹时光如白驹过隙，流年一去不返。曾经无数个日日夜夜，有过痛苦、有过彷徨、有过挫折、有过失败，但更多的是坚持、是振作、是勇气！在青春无限的芳华岁月，一路走来，每一次相遇、每一次相识都使前行之路温情满满，让我心存感恩。在此，有太多太多的人值得感谢！

　　首先，感谢我的导师茶洪旺教授，将我纳入"茶门"，开启人生中弥足珍贵的进京求学阶段。茶老师师从我国著名发展经济学奠基人张培刚老师，在发展经济学、区域经济学以及产业经济学领域颇有建树，他治学严谨、为人和善、风趣幽默，在严格要求我们勤奋学习的同时时刻不忘关心我们，常常提醒我们"要在健康允许的情况下严格要求自己，刻苦学习，多读经济学经典著作"。他告诫我们要自始至终坚持梦想，向着内心的希望前行，"我们不是因为有希望才坚持，而是因为坚持了才有希望"。殷殷师生情，每每念及于此，都使我感动不已。同时，还要感谢我的师母和云老师，每逢中秋节等重大节日，我们外地学生不能回家时，师母和导师都会邀请我们聚餐，不仅排解了我们的思亲之苦，加深了师门之间的感情，也成就了我们师门特有的"茶门文化"。两位老师在学习和生活上的热心照顾和深切关怀使我感到家的温暖，这让我一生难忘。

　　其次，还要感谢我的硕士导师西北大学何炼成老师和韦苇老师。何老师是我国著名经济学家，一生扎根西北，为祖国培育了一大批著名的经济学家。读博期间，何老师"不唯上、不唯书、不唯师，只唯实"的治学理念一直激励我严于律己、追随内心、潜心科研。自从何老师鼓励我来京读博后，每逢回家看望他时，他都高兴万分，紧紧拉着我的手，使我信心倍增，默默给自己加油鼓劲。虽然何老师年事已高，身体也渐不如从前，当初答应我博士毕业来京参加毕业典礼的承诺难以成真，但他对学生的惦念让我感怀至深，衷心希望何老师身体健康，一生平安。同时，还要万分感谢韦苇老师，韦苇老师是我国经济思想史领域的著名专家，读博期间无论在学习还是生活方面，韦老师一直给予我母亲般的关怀，时刻关注我的学习动态，鞭策我要跟随导师，认真科研，不辜负何老师对她的嘱托以及她与何老师对我的期望。同时，感谢韦老师在我在西安求职期间给予我食宿上的一切便利，使我在严寒的西北冬日感受到暖春般的温暖、盛夏般的热情。恩师们以身作则，教给我的为人处世之道、严谨科研之法将受用一生。同时，还要特别感谢朱承亮师兄、刘瑞明师兄、赵勇师兄、窦尔翔师兄和郑世林老师。当然，平淡的语言远远无法表达我的感谢与敬意。他们是我人生路上的贵人，更是我的亲人，时常让我感觉到浓郁的"身处异乡非异客，春夏秋冬亲常伴"的幸福与感动。除此之外，我还要感谢西北大学经济管理学院的何爱平老师、师博老师、赵麦茹老师、王颂吉老师和田宏志老师，无论是在学习还是求职的过程中，他们都给予我无私的帮助和莫大的鼓励与支持，让我感动至深，一生铭记。

再次，我还要感谢在论文开题、中期检查、预答辩和答辩过程中应邀参加的每一位校外校内导师，各位老师的悉心指导和中肯建议使论文增色不少。同时，感谢"茶语芬芳"的所有师兄师姐、师弟师妹，我们相互帮助、相互鼓励，岁月为我们雕刻出美丽的友谊之花。同时，还要感谢2015级北京邮电大学经济管理学院全体博士，天南海北、相遇北邮、实属有幸，正是有了你们的陪伴，才让我的博士生活变得丰富多彩、难以忘怀。

最后，让我把最深沉的感谢留给我的家人。在西北农村能让一个女孩子一直上学，直至取得博士学位，实属不多。我很幸运有开明豁达、质朴善良的父亲母亲，也很庆幸有疼我爱我包容我的哥哥和嫂子，为我提供安逸的学习环境，允许我一直徜徉在象牙塔，过着恬静舒适的学生生活。在每一次人生重大转折点，他们都会从各方面多角度帮我分析，给我提供参考意见，但又从来不将自己的意愿强加给我，鼓励我听从内心、自主选择，走自己的路。作为女儿，一直未间断的求学生涯让我错过了很多陪伴家人的机会，尤其是来京攻读博士学位之后，繁重的学业和工作使我很少有机会与家人见面，每每看到父母鬓角偷偷爬出的白发和渐渐弯曲的脊背，我心如刀绞、泪眼婆娑。父母年过半百，在农村本该是子孙绕膝、儿女陪伴、享受天伦、安度晚年的时光，而我的父母却从未抱怨此事，反而经常开导我，不要太多考虑他们，让我安心学习、不要分心。父母的理解与鼓励让我内心愧疚，唯有不懈努力，以优异成绩报答父母，方能弥补对父母的亏欠。感谢哥哥、嫂子在每一次父母需要的时候都能第一时间赶到父母身边，替我照顾他们，为我安心工作提供了温暖的支持。他们是我最坚强的铠甲，也是我最柔软的软肋。前路漫漫，余生，我将用爱和奋斗报答家人对我的养育之恩，履行一个女儿应尽的义务和责任。

天空不留下任何痕迹，但我已经飞过。曾经"昨夜西风凋碧树，独上高楼，望尽天涯路"的迷茫经历，恍如昨天；"衣带渐宽终不悔，为伊消得人憔悴"的咬牙坚持加深了我的人生体悟；而在最终，"众里寻他千百度，蓦然回首，那人却在灯火阑珊处"的奔放狂喜让我坚信：历经痛苦的洗礼，必将诞生丰满的未来，过去的坚持值得，曾经的梦想还在。

前方道路漫漫，荆棘丛生，

既然选择了远方，便只顾风雨兼程！

袁　航

2022 年 2 月 15 日于北京